海外司马迁与《史记》研究丛书
张新科 丁 波 主编

朦胧的镜子
司马迁笔下的矛盾与冲突

〔美〕杜润德（Stephen Durrant） 著
丁 波 丁慧添 译

The Simplified Chinese translation of this book is made possible by permission of the State University of New York Press © 1995, and may be sold only in China excluding Hong Kong, Macao and Taiwan.

中译本根据纽约州立大学出版社 1995 年版译出

总　序

　　司马迁是西汉时期左冯翊夏阳（今陕西韩城市）人，中国古代伟大的史学家、思想家、文学家，是世界文化名人。其创作的《史记》是我国第一部纪传体通史，全面叙述了从黄帝至汉武帝时期三千年来的政治、经济、文化多方面的历史发展，具有百科全书的特点，鲁迅先生称之为"史家之绝唱，无韵之离骚"，它在中国文化史上树立起一座巍峨的丰碑，具有永恒的价值和意义。《史记》不仅是中华民族的宝贵文化遗产，也是具有世界意义的历史学巨著。吕思勉先生《秦汉史》指出："通史之义有二：萃古今之事于一编，此通乎时者也。合万邦之事于一简，此通诸地者也。自古所谓世界史者，莫不以其所知之地为限。当谈、迁之时，所知之世界，固尽于其书之所著，则谓其书为当时之世界史可也。"《史记》记载历史，涉及的地域已经到了今天中亚、西亚一带，它也无愧是世界文化宝库中一颗璀璨的明珠。

　　《史记》在海外的传播最早从东亚一带开始。据史书记载，《史记》在魏晋南北朝时期传播到了朝鲜半岛。《北史·高丽传》

记载，唐以前"三史"传到高丽。《旧唐书·高丽传》说高丽"俗爱书籍"，"其书有《五经》，及《史记》、《汉书》、范晔《后汉书》、《三国志》、孙盛《晋阳秋》、《玉篇》、《字统》、《字林》，又有《文选》，尤爱重之"。据有关资料，自20世纪60年代以来，韩国出版韩文《史记》译本（包括全译和节译）数十种，在韩国诸多的《史记》选译中，"列传"是最为突出的部分。这些各具特色的译本，对于《史记》传播起了积极的作用。《史记》传入日本已有一千多年的历史。据覃启勋《史记与日本文化》著作考证，《史记》是在公元600年至604年之间由第一批遣隋使带回并始传日本的；明清之际，是《史记》东传日本的黄金时代。《史记》传入日本后，对日本的政治、文化等产生了重要影响。据《正斋书籍考》《三代实录》《日本纪略》以及《扶桑略记》等日本史书记载，上至天皇，下至幼童，包括僧徒，都在阅读《史记》，诸王诸臣也讲《史记》，甚至学生入学还要试《史记》，这种情况在全世界都是罕见的。在日本，各种形式的《史记》抄本、刻本，或选本，或全本，数量在百种以上，《史记》的传播和普及程度是非常广泛的。

《史记》在欧洲的传播时间稍晚。据有关资料，《史记》在18世纪传到俄国，俄国汉学家19世纪起就节译过《史记》。2010年，由越特金和其子花40年时间翻译的《史记》俄文版出版，这标志着《史记》全书第一个欧洲语言译本的问世。目前，《史记》在俄罗斯有广泛的影响。《史记》在欧美其他各国也有程度不同的传播。在法国，汉学家沙畹（Édouard Chavannes, 1865—1918）曾翻译《史记》，这在法国是个有一定影响的《史记》读本，而且是第一部西洋《史记》翻译，共五卷。2015年法文版《史记》全部出版，共九卷，由巴黎友丰书局的潘立辉先生主持编列。这套《史记》法文版由三部分构成：沙畹已翻译的五卷、康德谟补译的部分以及汉学家雅克·班岜诺教授续译的"列传"部分。美国自19世纪40年代开始关注《史记》，1840年出版的《中国丛报》开始有介绍司马迁的文章。20世纪50年代以来，华兹生（Burton Watson）和倪豪士（William H. Nienhauser）在《史记》英文翻译方面也取得了突出成就。在英国，也有学者翻译《史记》，较有代表性的是1994年雷蒙·道森（Raymond Dawson）《司马迁史记》，它作为"世界经典系列丛书"之一由牛津大学出版社出版。19世纪中期，奥地利汉学家先驱菲茨迈耶把《史记》24卷翻译成德文，这是最早的德文译介。其他国家如丹麦、匈牙利等也有《史记》译本。总体来看，《史记》从东亚到欧洲，传播范围逐步扩大。还应注意的是，1956年司马迁被列为世界文化名人后，尊崇司马迁、研究《史记》的人也更多了。

海外的《史记》研究，相对来说，东亚地区的研究由于时间长久，取得的成果较为丰富。比如韩国，自20世纪60年代以来，对《史记》的研究呈现出逐步发展的趋势。从研究的范围看，主要有司马迁的生平和思想研究、《史记》的历史性质研究、《史记》的语法研究、《史记》的文学性质研究、《史记》人物描写研究、

《史记》总体研究、《史记》与《汉书》比较研究等各方面。这些成果，无论从学术研究的方法上，还是从内容和水平上都开创了一个新时代。东亚地区日本《史记》研究的成果最为突出。据统计，仅现代而言，日本颇有影响的《史记》研究专家就有泷川资言、水泽利忠、宫崎市定、野口定男、加地伸行、池田四郎次郎、池田英雄、伊藤德男、今鹰真、青木五郎、佐藤武敏、藤田胜久等百余人，论著层出不穷。如泷川资言的《史记会注考证》广采博搜，汇集了日人及我国学者对《史记》的各家注释百余种，并加以考释。该书还在书后附有《史记总论》，包括太史公事历、《史记》名称、《史记》记事、《史记》体制等15个方面的内容。池田四郎次郎著、池田英雄校订增补的《史记研究书目解题》一书，对670多种《史记》研究的有关著作作了提要介绍，规模宏大，体例专精，远远超过了我国同类著作。池田英雄的专著《史记学50年》，详细介绍1945—1995年日本《史记》研究情况，并与中国的《史记》研究进行对比分析。在欧美及其他国家，翻译和研究《史记》并重。法国汉学家沙畹在翻译《史记》时，前面有长达250页的前言和导言，给读者全面介绍《史记》的来龙去脉，是西方汉学史上研究《史记》的最为权威的著作。美国学者如华兹生《司马迁：中国伟大的历史学家》、侯格睿《青铜与竹简的世界：司马迁对历史的征服》、杜润德《朦胧的镜子：司马迁笔下的矛盾与冲突》等著作，都是很有见地的著作。

由于《史记》具有不朽的魅力和永久的生命力，所以，引起海内外学者的广泛关注和持续研究。《史记》研究从汉代起步，至今已有两千多年的历史，取得了多方面的成就，并且逐渐形成了一门新的学问——"史记学"。"史记学"的建立，不是一朝一夕的事情，总体来说，要以大量的海内外《史记》研究资料为基础，以理论分析提升为指导，走综合化研究的道路，采取多样化的研究方法，集体协同攻关，并且加大与世界对话的力度，共同提高研究水平。为了弘扬中国优秀传统文化，实现"史记学"世界化的目标，促进《史记》研究向更广、更深的领域发展，目前急需要做的一项重要工作就是要将海外《史记》研究的成果介绍进来，以便互相借鉴和学习交流。正因此，我们策划了这套"海外司马迁与《史记》研究丛书"，聘请专业人士，有计划地翻译介绍海外《史记》研究的重要著作，以期为"史记学"的建立贡献绵薄之力。

这项重大工程，得到了陕西师范大学"长安与丝路文化传播学科创新引智基地"和商务印书馆的大力支持，在此我们表示衷心感谢。

张新科

2021 年 5 月 15 日

致　谢

　　本书关注的是家庭和中国人的"孝",我们把它翻译成"孝顺"。在我们的文化中,特别是在千禧年之末,"孝"这个词在英语中的尴尬境遇提醒我们,它不完全是一个适用于家庭的概念。不顾儒家教条"父母在,不远游"(《论语》4.19)的反对,为了更好的工作和更高的收入,我们远离父母。我们中的大多数甚至不能去践行儒家对孝子的一个小要求:"父母之年,不可不知也。一则以喜,一则以惧。"(《论语》4.21)我不是一个孝子,经常不在父母身边。但我至少知道父母的年龄,在写作本书时,他们已经82岁了,为此我十分挂念。因此,虽然微不足道,但我决定将这本书献给他们,谨以此感谢他们伟大的爱和慷慨的支持。司马迁告诉我们,他研究古代中国是出于家族的传统。我不能做这样的声明。虽然我的父母总是鼓励我从事学术研究,但我知道,他们给犹他州利哈伊的邻居们介绍我从事的工作时,一定困难重重。

　　在本书的创作过程中,许多人给我提供了帮助,我在这里就不一一列出他们的名字了。特别要提到两位早期的读者:奚如谷教授和约瑟夫·艾伦教授。他们从不同的角度对本书提出了许多批评意见，鼓励我继续推进并完成这项工作。我感谢他们的批评和建议。在雨季的几个月中，邱米莱是我在中国台湾图书馆办公室的邻居。她不厌其烦地倾听我关于司马迁的各种长篇大论，并总是给予深邃和幽默的回应。负责大学交换项目的中国台湾教师陈舜正教授，是一位非常容易沟通的人。他对于司马迁著作细节的了解，我望尘莫及。除此之外，我不得不说，我在他面前的每一个小时都是非常愉快的。我还应该提到两位教师：加里·威廉姆教授，他开启了我在汉学道路上的漫游；保罗·塞鲁斯神父，他指导我度过了我生活中最明智、最令人兴奋和最具挑战性的几年。最后，司马迁的另一个学生，威廉·倪豪士教授，近年来给予我很多帮助。我感谢上面这些人，还要感谢其他许多人，包括我以前在犹他大学的同事和我当下在俄勒冈大学的同事。

在中国台湾的两个项目，是我完成这份书稿必不可少的"宝刀"。第一个项目是在富布莱特基金支持下，我在中国台湾图书馆的汉学研究中心待了九个月。第二个是大学交换项目的六个月。每一个项目阶段都是舒适且富有成效的，我要深深地感谢这两个机构的职员。我特别感谢图书馆的刘贤淑和大学交换项目的詹姆斯·杜的帮助和支持。我要感谢戴安·盖奈斯，感谢纽约州立大学出版社的编辑，感谢他们在书稿出版过程中的帮助和耐心。

最后，我向我的家人表示衷心的感谢。凯和孩子们，在过去几年，无疑承受了我在写作本书中遇到无数次挫折所积累的负面情绪。

目 录

导　言　*1*

第一章　孔子二世的挫折　*17*

第二章　司马迁笔下的孔子　*55*

第三章　司马迁、六艺和《春秋》　*81*

第四章　亡父和活着的记忆　*111*

第五章　名垂青史　*149*

第六章　思想者或讲述者　*180*

结　语　*210*

参考文献　*214*

译后记　*230*

导　言

"博学于文，约之以礼"

——《论语》（6.27）[1]

乐维在他关于中国伟大的学者司马迁（公元前145—前86？[2]）的历史小说的"序言"中这样写道："中国的历史，从开端到公元前110年，某种程度上与一个人的史书密切相关。"[3]乐维是对的，离开司马迁的鸿篇巨制——130卷的《史记》，中国的古代无从谈起，而它明显带有特殊的个人著史的作者印记。关于司马迁生活的传记资料十分稀缺，导致只能从他自己的记载中去寻找。换言之，我们关于中国古代最著名的史家司马迁的认识，

---

[1]《论语集解》，四部备要本，6:7。

[2] 司马迁的准确生年是一个有争议的问题。关于他的生年有两种观点。第一种观点被王国维、梁启超、郑鹤声和其他一些学者支持，他们将司马迁的生年定为公元前145年。第二种观点的支持者是郭沫若、李长之，他们认为司马迁生于公元前135年。任何一种观点的证据都很少。除非有新的材料出现，否则很难超越郑鹤声在1956年发表的文章，他赞成司马迁的生年是公元前145年。见《司马迁生年问题的商榷》，载郑鹤声编《司马迁年谱》（修订版，上海：商务印书馆，1956）。更近的关于司马迁生年争论的综述见张大可《史记研究》（兰州：甘肃人民出版社，1985），张大可支持公元前145年说。

[3] Jean Levi, *Le Fils du ciel et son annaliste* (Paris: Gallimard, 1992), p.10.

都来自其自传性质的《太史公自序》。在《史记》最后一卷,司马迁以一段简短的家族历史开篇,引用了其父关于古代各个学派优劣的文章。然后,他提到了自己:"迁生龙门,耕牧河山之阳。年十岁则诵古文。"[4]

《太史公自序》中的这些叙述揭示了司马迁生活和工作中的一种基本矛盾。在第一句中,司马迁描绘了一幅田园画:一个幼童在暖和的山坡上放牧,黄河从山边流过。司马迁的出生地龙门,是一个充满神话色彩的地方。龙门位于现在西安东北约120公里,向南流的黄河在此处变窄并穿山而过。《尚书》中记载,传说中治理洪水的大禹,疏通黄河,从积石山引流,开凿龙门。[5]另一个版本则略带奇幻,大禹拯救世界的途中,在龙门进入了一个漆黑的山洞,他背负火把,遇到一位神仙,神仙送给他完成使命的工具。[6]为了纪念大禹的功劳,龙门有时也被称为"禹门"。

在司马迁之后很晚的记载中提到,鲤鱼聚集于龙门急流底端拼命向上跃起。大多数的鲤鱼都失败了,"点额而还"。那些成功跃过龙门的,变成龙,乘风而去。[7]这个故事在司马迁生活的时

---

[4]《史记》卷130,第3292页。关于《史记》的引文,都来自"点校本"(北京:中华书局 1959)。关于司马迁《太史公自序》的全部翻译,来自华兹生杰出的研究《司马迁,中国伟大的历史学家》(纽约:哥伦比亚大学出版社,1958)。除非另有说明,我一直是用自己的翻译。

[5]《十三经注疏》本(重印本,台北:艺文印书馆,1973)卷1,第6a页。

[6] 这个故事见王嘉(公元324年卒)《拾遗记》,四库全书本,第2a—b页。

[7] 这个奇怪的故事,出现在郦道元(公元527年卒)的《水经注》(四部丛刊本)卷4,第2a页。这个故事诞生出两个成语:"龙门点额"和"鲤鱼跃龙门",分别代表失败和考试成功。关于龙门更多的信息和传说,见乾隆四十九年(1784)《韩城县志》卷1,第10a—11b页。

代是否流传已不知其详，但可以肯定的是，司马迁知道大禹的故事。当司马迁讲述自己的广泛游历时，他提到的第一个地方就是会稽的"禹穴"，据说龙门的开凿者大禹就埋葬在那里。[8]

在他前面自述的第二句中，司马迁从悠然的龙门耕牧生活转向了求学："年十岁则诵古文。"司马迁所说的"古文"历来有争议。一些评论者相信古文就是指古代的典籍，或者特指一套先秦时期保存下来的古代文献；另外一些评论者则认为古文是特指司马迁最尊敬的老师之一孔安国（约公元前125年）所传的古文《尚书》。[9] 可以肯定的是，当司马迁开始接受正规教育时，他已离开龙门附近的河山之阳，与他父亲一起在西汉的都城生活。

就在司马迁到长安的五十多年前，汉高祖（公元前206年—前195年在位）决定以长安为都城，这个地方也曾是汉之前两个朝代西周（约公元前1045年—前771年）和秦（公元前221年—前206年）的都城。汉代之前，长安损毁严重。汉代长安作为一座新城，修建在渭河之南，即现在的西安西北郊。汉高祖修建了两座大的宫殿，相国萧何负责具体修建工作。新城的城墙周长约14英里，圈起了一个13平方英里的空间，这是在汉高祖的儿子汉惠帝（公元前194年—前188年在位）时期完成的。新的都城则在汉武帝（公元前141年—前87年）统治前期随着几座新宫殿的

---

[8]《史记》卷130，第3293页。

[9] 关于此问题的探讨，可参考我的文章《司马迁心中的〈左传〉》，《美国东方学会会刊》第112卷第2期（4—6月，1992），第295—301页。

兴建而最终完工。因此，当年幼的司马迁首次参观长安时，新城已经基本建设完工，它让这个从龙门附近山中走出的少年眼前一亮。[10] 长安是"四方的中心"，是连接天和地的轴心，是传统的象征，也是秩序的焦点。[11] 城墙以面向基本方位为导向，南城墙和东城墙笔直延伸了三英里多，而北城墙和西城墙的形状不规则，可能是模仿某些星座。每一堵城墙的三扇门，打开了穿过城市的宽阔大道，巨大的宫殿建筑群位于道路的尽头。司马迁去世一个半世纪后，另外一位历史学家班固（32—92）回顾了长安的辉煌，他写道：

> 防御之阻，则天地之隩区焉。是故横被六合，三成帝畿。周以龙兴，秦以虎视。及至大汉受命而都之也，仰悟东井之精，俯协《河图》之灵。[12]

长安、龙门这两个地方——"龙门"和"永久平安"——是地理符号，把它们对立，就会绷紧甚至撕裂司马迁著作的结构。龙门是一个充满想象和神话的田园，在这个地方，司马迁将自己描写为一个温暖山坡上的牧童。如同它得名的由来，龙门让人充

---

[10] 关于汉代的都城长安，见王仲殊《汉代文明》，张光直等译（纽黑文和伦敦：耶鲁大学出版社，1982），第1—28页。

[11] 中国早期城市的宇宙学和宗教意义是鲍尔·惠特利的研究范围，见鲍尔·惠特利《四方之极：中国古代城市的起源及其特征初探》（爱丁堡：爱丁堡大学出版社，1971）。

[12] 萧统《文选》卷1《两都赋》，康达维译（普林斯顿：普林斯顿大学出版社，1982），第101页。

满想象，孕育了无尽的故事。长安，它的名字中蕴含着平静和稳定，是一个能够提供学习机会和充满秩序的地方，司马迁在此学习那些蕴含着古代传统的"古文"。

通过冲突和对立来分析司马迁的著作并不新鲜。李长之在他的代表作《司马迁之人格与风格》中认为，司马迁的生活和作品中存在一种冲突，表现为汉初仍然盛行的南方楚文化中的浪漫主义和周文化中的古典主义之间的冲突，前者最终战胜了后者。[13] 李长之将司马迁的浪漫主义描述为："驰骋，冲决，豪气，追求无限，苦闷，深情。"[14] 李长之启发了我，但我对司马迁的浪漫主义认识与他略有不同。他使用的"浪漫"，在中国古代汉语中没有这样的词汇，它是源自西方的词汇。此外，浪漫这个词容易产生歧义和误解，我在这里不愿意使用。最后，"浪漫"与"古典"的对立，不符合中国古代文学传统，它是西方历史特定时期的产物。

孔子（公元前551年—前479年），中国的"至圣"，为我提供了概括司马迁作品中冲突的术语，即"文"与"礼"，《论语》中出现了三次。我们被告知，君子是能实现"文"与"礼"高度统一的人。[15] 按照孔子的说法，"文"拓宽了道路，而"礼"通

---

[13] 李长之《司马迁之人格与风格》，第4—5页（1949；重印，台北：开明书店，1976）。
[14] 同上书，第23页。文崇一的观点与李长之略有不同，他分析了聪明、快乐的年轻司马迁与沮丧、严峻的中年司马迁之间的冲突，见《论司马迁的思想》，黄沛荣编《史记论文选集》（台北：长安出版社，1982），第41—42页。
[15] 《论语》6:7b（6.27），9:4a（9.11），12:5a（12.15）。

过限制和引导,给人提供正确的路径。孔子暗示,二者缺一不可,少了任何一个,都将过犹不及,打破中庸之道。烦琐的"礼"导致空洞的形式主义,催生了周朝末年儒生中普遍兴起的枯燥的繁文缛节。过度的"文"会导致感情和情绪泛滥,突破正确的边界,在日益扩大的审美和文学可能性范围中混淆了恰当的辨别。的确,当"文"的地位上升时,传统可能会受到威胁,不是因为文学太少,而是因为太多!

尽管这两个原则之间存在潜在的冲突,但儒家并不把"文"和"礼"看作矛盾的对立面。相反,二者在君子身上实现完美平衡。狄百瑞在《论语》(9.11)的注释中指出:"对儒家而言,这些对立的特点(如'礼'和'文')都是必需的、值得赞许的。实现完美生活,二者缺一不可,正如要努力实现中庸就必须生活在这种紧张冲突之中。"[16] 当然,"文"就其"模式"的本义而言,是"礼"的基础,"礼"表达了可见的和适当的情绪,这些情绪是"文"的一部分。"文"和"礼"不能被完全对立。但审美倾向和规范要求必然会产生冲突,我相信,这种冲突贯穿了中华文明的整个进程。方泽林指出了这种冲突的一个细节,他注意到中国最重要的文学作品《诗经》中有"两种阅读":一种是正当的、充满歉意的,一种是隐秘的、高兴的和危险的。[17] 这两种阅读中的第

---

[16]《儒家的困境》(剑桥,麻省:哈佛大学出版社,1991),第4页。
[17]《诗与人格:传统中国的阅读、注解与诠释》(斯坦福,加利福尼亚:斯坦福大学出版社,1991),第11页。

一种，按照我这里设置的对比，是符合"礼"的；第二个则遵循并符合审美，是"文"的情感模式。

正如我上面提到的，对"文"的追求可能导致文本的危险扩散，也就是说，导致"文"以最具体的形式出现。这种认为文学文化圈子可能变得过于广阔和危险的观点，在我们这个拥有大型图书馆和冗长书目的时代似乎很奇怪。因此，西方的汉学家经常回顾战国时代（公元前403年—前221年），认为那是中国思想的黄金时代，这个时期百家争鸣，新的著作不断涌现。但是从周代晚期到西汉初期的中国学者，把百家争鸣看作是王道衰落的象征，是陷入政治混乱的另一种征兆。在这个时代晚期成书的《庄子》的第三十三章，很典型地表达了对早期学术一统时代的怀念：

> 天下大乱，贤圣不明，道德不一。天下多得一察焉以自好。譬如耳目鼻口，皆有所明，不能相通。犹百家众技也，皆有所长，时有所用。虽然，不该不遍，一曲之士也。[18]

庄子的文章并没有主张以一种暴力的方式结束时代的混乱，而是把希望寄托在各个学派的优点被温和地统一于一种学术，这种学术是一个整体，类似一个健康的身体，眼睛、耳朵和嘴和谐地发挥作用。这种对政治和哲学一统时代的渴望，针对厌战的世

---

[18]《庄子》，四部备要本，卷10，第13b—14a页。

界,以一种乌托邦的形式投射到远古时代,很自然地导致了秦朝对文本的控制和垄断。

秦始皇(公元前221年—前210年在位),在中国历史著作中通常被刻画成一个暴君,他遵循政治统一的路线,对多元的学术进行了近似暴力的镇压。公元前213年,丞相李斯(公元前208年卒)提出了臭名昭著的焚书建议,之后的几年中,据说有460名儒生被活埋,这些有时被看作是秦始皇对诸子百家暴力镇压的证据。[19]秦始皇最关注的是那些对新帝国及其统治的批评,尤其是那些"以古非今"的批评者。史官所藏的非"秦记"之书籍,皆被焚毁。其他国家的记录都把秦国描绘成一个野蛮的敌人,新君主尤其厌恶这些书籍。因此,根据官方的法令,《诗》《书》和百家杂语,私人皆不得收藏,只能由博士官保管。对诸子学术的禁止,正如现代学者钱穆所指出的,针对的可能是师徒之间私相传授的学术,他们传承了古代思想家的传统。[20]

秦始皇"控制文本"政策中的第二个关键部分,被讨论的频率远低于焚书坑儒,即将博士官作为秦帝国新的职官体系的一部分。战国时期,有几个国家曾任命过学者,齐国甚至资助学术,设立稷下学宫,让学者们聚集在那里讨论时政。秦始皇则将这种

---

[19] 一些研究者认为,关于学者被处决的记载"几乎肯定是虚构的"。见卜德《秦国和秦帝国》,崔瑞德、鲁惟一编《剑桥中国史》卷1《秦汉帝国(公元前221年至公元220年)》(剑桥:剑桥大学出版社,1986),第95—96页。

[20]《两汉博士家法考》,《两汉经学今古文平议》(台北:东大图书有限公司,1983),第169页。

学术机构作为帝国官僚体系的一部分，甚至可能将齐国的稷下学宫移到了秦国的首都，就一些关键问题向学者们征求意见。当秦始皇的两个批评者侯生和卢生说出"博士虽七十人，特备员弗用"时，表达的是他们最真实的感受。[21]

秦的骤兴瞬亡，给汉初统治蒙上了一层阴影。尤其令学者不安的是秦始皇对学术思想的控制。在这种背景下，我们认为，司马迁对历史的概括，就是试图最大程度地抵制对文本的限制和控制，《史记》不仅囊括了不断增加的过去的文本，也采用了能涵盖这些繁杂文本的丰富多样的文学形式。正如我们下面将看到的，司马迁的《史记》大部分直接采用了其他文献材料，也有许多内容就是对早期文献的简单改写。

《史记》是一部集大成之作，它非常符合汉代学术综合的特质。东周（公元前771年—前221年）的分裂和秦的混乱，引发了人们对秩序和安全的强烈关注。这迫使学者们必须如百科全书式博学，也诱使他们试图以一种能为未来提供更可靠基础的方式去整合过去的知识。在哲学领域，《淮南子》和《春秋繁露》这样的著作就反映了这种趋势。就连在艺术领域，汉代的宫殿也是综合作品，这些与《史记》中的精神甚至内容高度一致。[22]

---

[21]《史记》卷6，第258页。要了解更多学宫的细节，见钱穆《两汉博士家法考》，第165—233页。

[22] 见巫鸿《武梁祠：中国古代画像艺术的思想性》（斯坦福，加利福尼亚：斯坦福大学出版社，1989），第148—156页。

就概括精神而言，在汉代中国，没有比《史记》更宏大的了。司马迁对被理解为历史的文本和形式的"文"的热衷，促使他创作了一部通史，同时也是一部文化百科全书。这样的全面性似乎使得秩序和一致性变得不可能，但司马迁一直在努力，正如他自己说的，"成一家之言"。他的目标是追随孔子，提出一种新的秩序，一种符合"礼"的要求的新表达。因此，我这里提到的儒家关于"文"与"礼"的冲突，可以用多种不同的方式来理解：它可以是全面性与一致性之间的矛盾，可以是故事讲述者和历史哲学家之间的矛盾，可以是龙门浪漫世界和长安正统世界之间的矛盾。

在下面的文字中，我将持续关注上面提到的矛盾的几个方面。在第一章，我将展开我的观点，揭示司马迁的失败感和挫折感如何激发了他的创造性，让他效仿孔子，对中国传统进行总结。第二章，关注司马迁对孔子形象的刻画，孔子是中国历史上最重要的人物，也是对司马迁影响最大的人物。事实上，孔子是司马迁的榜样，也是司马迁自己的延伸。即使在今天，人们在思考孔子时，几乎不可能绕过司马迁及其为圣人写的《孔子世家》。我认为，《孔子世家》是一篇文学作品，孔子和司马迁的事迹紧密交织在一起。第三章，我转向司马迁对孔子的描绘；伟大的历史传播者，卓越的历史学家；并追溯六经传统和司马迁对儒家经典的重要贡献。我也分析了儒家经典中最重要的《春秋》，与司马迁自述的作为历史学家的使命之间的关系。在第四、第五章，我考察了司马迁对《左传》和《战国策》的改写，这是两部有重要影响的早期文献。我认为，司马迁的改写，反映了他自己的经历和挫折，为阅读和理解那些司马迁间接引用的早期资料提供了钥匙。最后，在第六章，我探讨了后世的学者在司马迁本人的指引下，试图在《史记》中找到一种清晰的思想。我坚信，叙述的冲动，讲一个好故事的欲望，削弱了司马迁对一致性的追求，令我们这些把司马迁看作历史哲学家的人困惑不已。在第六章和后面的部分，关于"文"和"礼"之间的矛盾，我使用了不同的术语，这些术语或许更适合这种本质上的文学研究。

在继续推进之前，有几点不得不交代。接下来的工作并不是对卷帙浩繁、极其复杂的《史记》的全面研究。这样一项研究，特别是要比肩或超过前辈学者的工作，是非常艰巨的，我无意尝试。读者想要获得对《史记》更系统、全面的了解，英文可以参考华兹生的著作，法文可以参考沙畹的著作，中文可以参考李长之和张大可的著作。[23] 与之相反，本书只聚焦司马迁庞大叙事中的极小部分，只关注与主题相关的有限叙述。我相信，这些主题对理解司马迁的文学和史学艺术至关重要，在这里同样也有一些重要的问题和话题，只是被我完全忽略了。

尽管某些传记细节对本书十分重要，但我在这里并不想呈现

---

[23] 华兹生《司马迁》；沙畹《司马迁的〈史记〉》卷1（1895；重印，巴黎：美洲和东方出版社，1967）；李长之《司马迁之人格与风格》；张大可《史记研究》。令人高兴的是，在威斯康星大学倪豪士教授的指导下，《史记》的完整英文译本目前正在准备中，它也有望成为一项详尽的研究。

一部司马迁的传记。此外，我对这些细节的兴趣更多集中在司马迁的自我感知和自我描绘上，而不是那些可能"实际发生"的事情，后者远远超出了我们的学术探索范畴。然而，为了更清楚地理解这里和下面章节中涉及的传记细节的时间顺序，本书附录中有一个简单的司马迁年谱。这个年谱并非原创，几乎全部来自王国维和郑鹤声富有创造性的成果。[24]

虽然目前的研究范围有点窄，但是我在此必须提到两个关键的背景问题：第一，《史记》的整体结构；第二，《史记》中部分文本的真实性问题。

《史记》有五个部分。第一部分是"本纪"，包含十二卷，编年记载中国帝王和他们朝廷的主要事迹。第二部分是"表"，有十卷，以图表的形式安排重要事件、统治者的世袭、重要大臣和其他值得被记载的人物。每个"表"都有简短的表序，司马迁在表序中讨论这个时期的一些重要事件。这些讨论往往体现了司马迁对于主要历史趋势和主题的远见卓识。第三部分是"书"（八书），列出了一些重要制度的历史和框架（如"礼""乐""历"等）。第四部分是"世家"，包括三十卷，主要记载从周代到汉代中国分封的拥有一定权力的世袭家族（进一步的讨论见本书第二章）。最后有六十九卷，用中文翻译为"列传"，我把这个词翻译为"排列的

---

[24] 王国维《太史公行年考》，《观堂集林》卷11（重印，上海：上海古籍书店，1983）；郑鹤声编《司马迁年谱》。

传",缩写为"传"。[25]

我对"列传"的翻译,有必要多解释一些。列传有时被翻译为"传记",这样翻译至少有两个问题。首先,列传中大多数是关于个人的,有些是关于特定群体,如"匈奴"(卷110)、"东越"(卷114),等等。第二,列传中关于个人的各卷,对于确实涉及的事件和细节进行了高度选择性的描述,这至少说明,作者打算利用其他材料。因此,在春秋时期齐国的执政者管子和晏子这一卷叙述的结论部分,司马迁说道:"至其书,世多有之,是以不论,论其轶事。"[26]

华兹生认识到了这个问题,他把"列传"翻译为"回忆录"。[27]这样翻译是可以接受的,我更倾向于逐字翻译。"传",即传(chuan),"发送,传递",意即已经流传下来,常作为附在经典著作之后的经典评注。[28]到周代晚期,"传"似乎已经成为处理一些个人或群体的"传说"的文学形式。[29]"列",意即"安排,

---

[25] 关于《史记》结构更详细的介绍,见我的文章《史记》,倪豪士编《印第安纳中国古典文学手册》(布鲁明顿:印第安纳大学出版社,1986),第689—694页。

[26] 《史记》卷62,第2136页。译按:此处司马迁的意思说没有引用管子和晏子的著作,并非强调没有详尽叙述他们的事迹。

[27] 《司马迁》,第120—122页。

[28] 刘知幾(公元661—721年),唐代大史学家,他指出"《春秋》则传以解经,《史》《汉》则传以释纪"。他认为,"本纪"是《史记》的主干,"列传"是解释或补充。见《史通通释》(重印,台北:里仁书局,1980),第46页。也见陈世骧《中国传记写作的一个创新》,《远东季刊》第13期(1953年11月),第44—62页。

[29] 详细的解释见徐复观《论〈史记〉》,《中国史学史论文选集》三(台北:华世出版社,1980),第136—137页。

使有序",被司马迁第一次使用来修饰"传"。司马迁没有解释这个新名词,《史记》最重要的注释者之一司马贞这样解释:"谓叙列人臣事迹,令可传于后世,故曰列传。"[30]

第二个问题,是关于《史记》中某些卷的真实性,班固曾指出《史记》中"十篇有录无书"。[31]张晏(约公元250年)列出了班固评论缺失的十卷:《孝景本纪》(卷11)、《孝武本纪》(卷12)、《汉兴以来将相名臣年表》(卷21)、《礼书》(卷23)、《乐书》(卷24)、《兵书》(作为单独一卷遗失)、《三王世家》(卷30)、《傅靳蒯成列传》(卷98)、《日者列传》(卷127)、《货殖列传》(卷129)。[32]

司马贞解释,除《兵书》外,这些篇卷都是被伪造之后列入《史记》中的。在司马贞看来,《兵书》据说被重新命名为《乐书》,前面的短序最初是从《历书》中剥离出来的。张晏和司马贞都认为增补者是褚少孙(约公元前35年),此人对《史记》文本进行了大量的增补,这些增补都留下了明显的痕迹。[33]

司马迁的部分原文已经遗失。举一个著名的例子,现在留存的《孝武本纪》只是《封禅书》的复制品,它最初的原文已不复存在。现代学者列举了传世的《史记》文本中许多张晏名单之外

---

[30]《史记》卷61,第2121页。
[31]《汉书》卷30,第1714页。
[32] 同上。
[33] Takikawa Kametaro, "Shiki soron," *Shiki kaichii. k6sh6* (1934; rpt., Taibei: Hongshi, 1986), p. 105. 为褚少孙的辩护,见李长之《司马迁之人格与风格》,第194—199页。

的其他问题[34],沙畹对此问题进行了认真研究,他的结论是:

> 尽管《史记》中有大量的篡改,但没有影响《史记》的完整性。事实上,这些篡改者中,褚少孙的工作量最大,他总是在开始篡改时就会认真地通知我们。结果是,很容易就能区分哪些是他的增补,哪些是原来的。至于其他的篡补,大致算一下,都可以忽略不计。鉴于它的篇幅和时代久远,《史记》算是很完好地被保存下来了。[35]

此外,那些过度关注材料真实性的人需要注意,我的论点并不依赖《史记》中那些经常被人怀疑的材料。

最后,值得注意的是,当我们进入司马迁的世界和我这里提到的他的文本里的矛盾中时,我们不可避免地踏入了古代中国。正如在本篇开始时引用的乐维的话,离开司马迁的分类和主题,研究古代中国几乎是不可能的。司马迁是历史的创造者,也在展望未来——后世的史家很难跳出他创建的模式,学者们不断地在他精心刻画的人物类别中建构自己。事实上,如果不幸没有听过中国学者重复两千多年前太史公如此动人地写下的沮丧和苦恼,你就无法读懂关于现代中国的书,如林培瑞让人着迷的《北京夜

---

[34] 参见例如何四维的讨论,《〈史记〉卷 123〈大宛列传〉的真实性问题》,《通报》40.1-3(1975),第 83—147 页。何四维的论点已经得到了榎一雄部分的回答,《〈史记·大宛传〉与〈汉书·张骞李广利传〉的关系》,《东洋学报》41(1983),第 1—32 页。

[35] *Memoires*, vol. I, pp. ccix-ccx.

话》[36]。虽然我不指望在这里把这些现代知识分子所遭受的真实的、巨大的痛苦降到最低,但是他们所讲述的故事和他们所建构的个性,与司马迁《史记》表达的传统产生了深深共鸣。司马迁以一种奇特的方式,如同反映他自己生活的时代和他之前的时代一样,也反映了当下的时代。

---

[36] 纽约和伦敦:诺顿书屋,1992。

第一章　孔子二世的挫折

述而不作。

——《论语》(7.1)

恨私心有所不尽，鄙没世而文采不表于后也。

——司马迁

司马迁不仅是中国古代伟大的史学家，他也是"中国第一个通过自传为自己正名的作者"。[1]事实上，当历史学家班固在他的《汉书》中为司马迁立传时，他除了引用司马迁自述，其他的几乎什么也没做。[2]我们关于司马迁的材料几乎都出自司马迁自己之手；他通过自己的文字塑造了自己，就像他塑造了中国的历史一样。此外，他的一生和他创作的历史，彼此共鸣，平行的主题，映射相似的冲突。为了弄清楚这一点，我从司马迁的生平开始。

司马迁在两篇文章中详细描述了自己的生活，这两篇文章几

---

[1] 鲍吾刚《中国之面貌——中国历代自传文学综述》（慕尼黑：卡尔·汉泽尔出版社，1990），第79页。

[2] 班固关于司马迁的叙述，见《汉书》卷62，第2707—2739页。

乎构成了班固《司马迁传》的全部,即《太史公自序》和《报任安书》。《太史公自序》比较正式,司马迁通过这篇文章确立了他作为历史学家的地位,解释了他创作名垂后世的历史著作的原因,并概要地介绍了《史记》的整体结构。第二篇是司马迁写给任安的一封长信,可能写于公元前93年。任安是司马迁的朋友,被判了死刑关在监狱,即将被腰斩。[3]与《太史公自序》相比,这封信聚焦司马迁生命中的一个关键事件,显得更加个人化和情绪化。这两篇写作目的和形式完全不同的文章,彰显了司马迁内心的冲突,这是一种介于保存和传播传统"经典"的责任,与需要发泄的、由于深刻的个人挫折所孕育的巨大的创造性能量之间的冲突。在《史记·伯夷列传》(卷61)这篇经典文章中,这种冲突有了进一步的体现,下面会有专门一章进行讨论。

在司马迁的《太史公自序》中,有两个人占据重要地位,即他的父亲司马谈(死于公元前110年)和孔子。司马迁把他们都塑造成了保守派,维护仪式("礼")和责任("仪")的一派,他们约束了司马迁,要求他根据事先确定好的蓝图去建构历史上广泛的传统。和中国历史上许多人物一样,司马谈和孔子,他们的

---

[3] 华兹生译《史记》卷130《太史公自序》(第42—57页)。《汉书》卷62《报任安书》。采用的译文是沙畹《司马迁的〈史记〉》卷1,第 ccxxvi—xli 页;华兹生《司马迁》,第56—67页;海陶玮《中国文学选集:上古至14世纪》,白芝编(纽约:格罗夫出版社,1965),第95—102页。这封信写作的准确时间存在争议。早期的评论者坚持,任安因为卷入公元前91年的戾太子事件和巫蛊之祸而被处死。因此,沙畹认为信写于这个时候(*Memoires*, p. xlii)。然而,这个日期与信中某些信息相矛盾。华兹生仔细研究了所有可能的材料,将信的写作时间定在公元前93年十一月(《司马迁》,第194—198页)。

形象主要来自司马迁笔下的创作，在《太史公自序》中不可避免地被塑造成难以抗拒的权威。我们将看到，司马谈唤起了孔子的威望，孔子通过孝道赋予司马谈权威。

在《太史公自序》中，"孝"扮演着重要角色，它是司马迁时代儒家倡导的基本美德。[4] 在西汉的最初百年中，一部宣扬"百善孝为先"的经典——《孝经》广为流传，汉初继位的每位皇帝的谥号中都有"孝"。由于这种对孝道的推崇，孔子被所有的父亲所认同，事实上，被所有的权威人物所认同。司马迁对孝的重视体现在《史记》一段有趣的记述中，他把对父亲的孝看得重于对国家的责任。虽然这个故事中的主人公是微子，但在早期文献中，这段引文没有出处。著名的日本学者泷川资言认为，司马迁"只是说出来衬托他自己的想法"：

> 微子曰：父子有骨肉，而臣主以义属。故父有过，子三谏不听，则随而号之；人臣三谏不听，则其义可以去矣。[5]

司马迁对父亲的孝被认为超越了对皇帝的职责。司马谈在汉

---

[4] 关于《孝经》在汉代的重要地位，见皮锡瑞著、周予同注释《经学历史》(1961；重印，台北：汉京文化事业公司，1983)，第41—42页。司马迁之后不久，汉代一篇伪经引用孔子的话说"志在《春秋》，行在《孝经》"(同上书，第42页)。

[5] 《史记》卷38，第161页。泷川资言的评论见《史记会注考证》卷38:7(第609页)。如果泷川资言的猜测是正确的，那么司马迁是在打破汉代普遍流行的父子关系与君臣关系的类比，他更看重父子关系。关于这一点，可参考徐复观《太史公的思想背景及其史学精神》，《史记论文选集》，第17页。

代担任太史令一职,太史令最主要的职能是制定历法,为帝国的各种活动挑选吉日,避开不吉之日。太史令似乎也负责记载天象与人类活动之间的相互关系,因为这个职责,他也是人类重要活动的记录者。[6]

尽管司马谈官俸相对低一些,他的职业却要求他多才多艺并接受高程度的专业培训。在《太史公自序》的开篇,司马迁显然以自己父亲的教育背景和才智为傲。他首先列出了父亲的老师,一个令人印象深刻的名单,然后他忠实地复制了父亲的长篇论文《论六家要旨》。在介绍这篇文章时,司马迁提到,"太史公仕于建元、元封间"(公元前140年—前110年)。司马迁继续说,他的父亲"愍学者之不达其意而师悖",这就是他为什么写《论六家要旨》的原因。[7]

正如司马迁在解释中所暗示的,司马谈与汉武帝朝主流的学术潮流背道而驰。那些学术潮流,以及司马谈对它们的反应,放在司马谈出生前百年学术发展背景下很好理解。正如我在导言中简短提到的,西方学者所盛赞的周代晚期学术多样化,中国古人通常认为这是当时政治不统一的不幸蔓延。一位中国早期的思想

---

[6] 太史公经常被翻译为"伟大的史家"。我相信沙畹是对的,他把太史公翻译为"大占星家"。它是"太史令"一词的变化,这是汉代的一个官职,毕汉思将其翻译为"大占星家"。见《汉代官僚组织》(剑桥:剑桥大学出版社,1980),第19页。关于这两个官职的对等关系,见《中国史学史辞典》(台北:明文书局,1986)第30页。

[7]《史记》卷130,第3288页。

家沮丧地惊呼:"悲夫!百家往而不反,必不合矣。"[8]这种沮丧论调源于周末、秦和汉初普遍流传的一种简单认识,即周初天下太平,所有的学问都是"官学",因此完全一统。[9]

周末最后百年政治和学术的冲突,与早期"燮和"时代传说中的统一形成鲜明对比,引发了政治和学术界对新秩序的追寻。我认为,这种追寻分成两类:一类是那些在学术征服领域寻求统一的人,他们通常把学术征服与政治征服相结合;另一类是那些在哲学综合中寻求统一的人。当然,这两类人之间的界限并不总是特别清晰。征服的倡导者被综合的精神所感动,综合的倡导者也并没完全丧失激进的方面。[10]

晚周的两篇文章,都是司马谈评价"六家"风格上的先驱,让我们看到了征服的倡导者和综合的倡导者之间的区别。第一篇是大儒荀子(公元前340年?—前245年?)的《非十二子》。[11]在这篇文章中,荀子对晚周时期代表不同学术立场的十二位学术大师发

---

[8]《庄子》,四部备要本,卷10,第14a页。然而,这一章(第33章)可能是汉初百年的作品。葛瑞汉《〈庄子〉:内篇七篇及〈庄子〉的其他作品》(伦敦:乔治·艾伦和昂温出版公司,1981),第257页。

[9] 萧公权对"衰落"到不统一的解释,准确地反映了这一信念,也反映了中国对这一智力活跃时期的描述所表现出的矛盾心理。见牟复礼译《中国政治思想史》(普林斯顿:普林斯顿大学出版社,1979),第437—438页。

[10] 众所周知,即使深刻影响秦始皇的韩非子激进的法家思想,也深受道家和儒家思想的影响,在一定程度上是学术综合的产物。司马迁也注意到了韩非子与老子的关系,将他们放在一个列传中(《史记》卷63)。汉初盛行的黄老思想就是道家和法家结合的产物。相比之下,刘安的《淮南子》是学术综合的典型代表,刘安密谋反抗汉武帝,他可能把他的著作当作新的政治秩序的文本基础。

[11]《荀子》,四部备要本,卷3,第7b—17b页(第6章)。关于这一部分的详细英译,见王志民《荀子全书的翻译与研究》(斯坦福:斯坦福大学出版社,1988),第212—229页。

动了猛烈的攻击。对这些对手，他既有学术批评，也有人身攻击。事实上，荀子唯一能称赞学术对手的，就是勉强承认他们"其言之成理"，至少"足可以欺惑愚众"。[12] 在荀子看来，没有一位学者，没有一种学术，有益于他希望建立的统一国家——他所建立的儒学分支才是未来的希望。尽管荀子的高徒法家李斯和韩非子（死于公元前233年）可能已经偏离了他们老师的儒家思想，他们提倡一种主要基于单一学术思想的侵略性统一，但他们确实和老师很接近。

第二篇文章，也是对其他学术派别的批评，出现在《庄子·外篇》[13]。荀子认为儒家传统之外的学术都没有价值，与荀子不同，庄子能发现"百家"之说的优点，他认为老子的道家学说足够宽容，能对广泛分散在学术世界各个角落的真知灼见兼收并蓄。《庄子》整部作品成书于周朝晚期，其所反映的折中主义在汉初开始盛行。汉初，一些学者将各个学派的学说和原则汇集、结合在一起，形成了一种广泛的综合，通常被称为"道家"。这些文本中最值得注意的是《吕氏春秋》，它是秦国丞相吕不韦（死于公元前235年）试图对抗秦国朝廷中以李斯、韩非子为代表的好战的狭隘主义的产物。[14] 吕不韦这部百科全书式著作的写作宗旨，

---

[12]《荀子》，四部备要本，卷3，第8a、8b页等。

[13] 卷10，第13a—23b页（第33章）。英文翻译，见华兹生《司马迁》，第362—377页；葛瑞汉《庄子》，第274—285页。

[14] 钱穆关于《吕氏春秋》的评论特别值得关注。他认为吕不韦的工作是试图利用折中主义和东方文化的丰富性（以鲁国和齐国为代表），来对抗法家和最早由商鞅和其他学者引入秦国的、来自西部和北部（尤其是三晋）的激进的军国主义思想。他对此的精彩论述见《秦汉史》（重印，台北：东方书局，1985），第4—11页。

用司马迁的话说，就是"以为备天地万物古今之事"。[15]《淮南子》是汉初百年学术思想综合的典范，它是我们能想到的《吕氏春秋》之后的折中主义作品。事实上，《淮南子》或许是汉文帝（公元前180年—前157年在位）和汉景帝（公元前157年—前141年在位）统治时期达到鼎盛的道家折中主义最后的喘息，到汉武帝朝，道家折中主义最终被汉武帝支持的儒家思想所取代。[16]

司马谈的文章非常符合学术分类中以第二类为代表的综合精神，它和《淮南子》同时出现，当时的另一种精神——令人敬佩的董仲舒（公元前179年？—前104年？）推动的哲学征服的精神，在朝廷中方兴未艾。我们无法准确地知道司马谈文章的写作时间，最有可能的写作时间是在公元前140年董仲舒向汉武帝建言"罢黜百家"，到公元前110年司马谈去世的三十年间。如果是这样，正如张大可和其他当代学者所指出的，司马谈和董仲舒事实上是竞争对手。[17]

与同时代的刘安（公元前179年—前122年）一样，司马谈把他的折中主义集中在道家的哲学范畴之下。事实上，道家只是司马谈文章中讨论的六家之一，司马谈对它有积极的评价："道

---

[15]《史记》卷85，第2510页。《吕氏春秋》，四部备要本，卷12，第9页。
[16] 萧公权指出，《淮南子》的出现，正值汉代黄老思想由萌芽到鼎盛再到衰落之际，正值儒家学说赢得政府"尊崇"之时。（《中国政治思想史》，第572—573页）
[17]《史记研究》，第7页。见吴忠匡《先秦学术思想的历史性总结》，刘乃和主编《司马迁和史记》（北京：北京出版社，1987），第200页。关于司马迁与董仲舒之间的关系，见我的 Tangles and Lacunae: A Few Aspects of Ssu-ma Ch'ien's Portrayal of His Intellectual Antecedents 一文，《陈奇禄院士七秩荣庆论文集》（台北：联经出版事业公司，1992），第439—450页。

家,……与时迁徙,应物变化……指约而易操,事少而功多。"[18] 司马谈对其他五家的批评主要集中在它们烦琐的规则和禁忌(儒家和阴阳家),或者是过分的、不合理的苛刻(墨家和法家)。

汉初几十年间,统治者钟情于道家,它已经成为汉初"无为而治"国策的基础。汉文帝和汉景帝在位期间,司马谈必定已经成长为一个成熟的学者,他有时也被描述为一个沉默寡言的人,这是一个有争议的话题。[19] 然而,可以肯定的是,这几十年肯定是一个巩固的时期,在这一时期,道家经常被用来为自由放任的政策辩护。随着公元前141年汉武帝登基和公元前135年道家的忠实拥护者窦太后驾崩,这一切都发生了改变。汉武帝是一位积极的改革家,他想扩大帝国的边界和加强官府对国家经济的管控。他也深受儒家学者董仲舒建议的影响,后者建议围绕传统的"六艺"重塑精神生活。[20]

读者从司马谈《论六家要旨》中能发现,他是一个宽容的道

---

[18]《史记》卷130,第3289页。

[19] 可以对比李长之著作中(《司马迁之人格与风格》,第126—127页)呈现的汉文帝、汉景帝统治时期对无为而治的解释,钱穆对此有形象的刻画(《秦汉史》,第60—63页)。

[20] 萧公权将他对汉代政治思想的研究分为三个阶段。我们这里关注的前两个阶段的分水岭是公元前141年。在此之前,"黄老思想盛行"……甚至儒家"也不可避免受到其影响",而此后"儒家摆脱了黄老的束缚,独享时代的尊崇"(《中国政治思想史》,第412页)。换句话说,在汉武帝统治下,儒家在学术上取得独尊地位,就像八十年前秦始皇政治统一了中国。 两种不同的学术观点见德效骞《汉儒的胜利》,《汉书》卷2(美国学术团体协会,1944),第341—353页;华立克《汉代儒家思想与汉代的孔子》,罗伊和钱存训编《古代中国:早期文明的研究》(香港:香港中文大学出版社,1978),第215—228页。正如俞启定在关于这一问题最彻底的研究中指出的,尽管"儒家的胜利"在政治领域是模糊的、有限的,但儒家当时确实控制了教育。见俞启定《先秦两汉儒家教育》(济南,1987),第92页。

家学者,对同时代的儒家思潮十分不满。司马迁对父亲临终遗言的回忆使得这种解读变得复杂。在司马迁《太史公自序》最引人注意的部分,司马谈称"余先周室之太史也"。在对家道中衰表示担忧之后,司马谈饱含感情地对儿子说:"绝于予乎?……余死,汝必为太史;为太史,无忘吾所欲论著矣!"

之后,司马谈引用《孝经》要求司马迁必须继承家族传统,为他自己和祖先争光:"且夫孝始于事亲,中于事君,终于立身。扬名于后世,以显父母,此孝之大者。"[21]

出自如此重要和权威文本中的一段话,必然让忠诚的儿子记忆深刻。而且,司马谈在《孝经》这段引文之后,又总结了周公和孔子的丰功伟业,他们勇敢地保存并阐明历史。他将继续先哲们的工作,但是自己时日不多,这个重任必须交给他的儿子了:

> 自获麟以来四百有余岁,……今汉兴,海内一统,明主贤君忠臣死义之士,余为太史而弗论载,废天下之史文,余甚惧焉,汝其念哉![22]

司马谈临终提到的自从获麟以来的时间,在《太史公自序》中另一段司马迁归功于其父的文字里得到了印证:

---

[21]《孝经》,四部备要本,第3b页。
[22]《史记》卷130,第3295页。

先人有言:"自周公卒五百岁而有孔子。孔子卒后至于今五百岁,有能绍明世,正《易传》,继《春秋》,本《诗》《书》《礼》《乐》之际?"[23]

正如司马迁引用的,司马谈这里提到的是孟子的理论,汉初被贾谊(公元前201年—公元前169年)重拾起来,即五百年出一圣人。[24]他官居太史令,太史令的职责之一就是计算历法,在推导下一个圣人应该出现的时间时,他的计算却出奇地不准确。前任圣人孔子出现的标志是获麟,《春秋》最后一篇正式记载了公元前481年发生的这一事件。[25]如果另一位圣人出现,应该会有另一只麟出现;而我们将会看到,传说中的神兽将再次游走在史书篇章中。

司马谈在洛阳附近失意而逝,他的话很难让我们把他同《论六家要旨》的作者联系起来。道家的融合者司马谈,在《论六家要旨》中主张一条既不苛刻也不烦琐的道路,而在司马迁转述他的最后的话语中,他忽然对保存传统充满了焦虑,这是一种与周公和孔子有关的传统。事实上,司马谈把孔子作为他儿子必须效

---

[23]《史记》卷130,第3296页。

[24]《孟子赵注》,四部备要本,14:7a(7B:38)。贾谊说:"自禹以下五百岁而汤起,自汤以下五百余年而武王起。故圣王之起,大以五百为纪。"(《新书》,四部备要本,卷1,第8a页)司马迁在《史记》其他地方也提到了五百年周期的重要性,称之为"一大变"(《史记》卷27,第1344页)。李少雍认为这样的周期概念与五行理论有关(《司马迁传记文学论稿》[重庆:重庆出版社,1987],第68页)。

[25] 杨伯峻《春秋左传注》(北京:中华书局,1981),哀公十四年,第1680页。

仿的榜样，以避免历史永远滑向黑暗。用司马谈在其他地方赞许道家"无为"的话说，司马迁必须"无忘"，必须"念哉"。无论司马谈在文章中提倡什么样的温和，他的临终遗言传递给儿子的却是表面上非道家的、令人极其苦恼的焦虑。

司马迁对父亲临终遗言的回应，正如我们对孝子所期待的："迁俯首流涕曰：'小子不敏，请悉论先人所次旧闻，弗敢阙。'"[26] 司马迁对其父五百年出一圣人言论的回复与此相似："小子何敢让焉。"[27]

我们应该如何理解那个《论六家要旨》的作者、道家司马谈，与那个《太史公自序》中以儒家责任严厉训诫儿子的司马谈之间的明显差异呢？我们可以从司马迁作为历史的编辑者的这个关键特征中找到部分解释。正如我们在下面的章节中试图展示的，《史记》是一个巨大的不同文本和互相矛盾的叙事的集合。司马迁有时会改编比较久远的文本，使它们与他自己的语言和叙事风格大体一致，而对其他文本则是以一种有点草率的方式进行编辑，还有一些则是逐字逐句引用。司马谈关于六家学说的文章没有第二种来源，我相信它属于上述几种情况中的最后一种，即是对司马谈原文的直接的忠实再现。在其他地方，司马迁无意写这种延伸的哲学作品，这篇文章中的语言，无论是其倾向道家的内容，还是其有点冷静、客观的风格，都与司马迁不符。据我所知，没有

---

[26]《史记》卷130，第3295页。
[27]《史记》卷130，第3296页。

人怀疑这篇文章作者的真实性——这是司马谈的原著,由他的儿子原文复制。

司马谈的临终遗言是另一回事,这些话与贯穿《史记》全书的在关键时刻的戏剧性演讲极为相似。我们知道,司马迁的《太史公自序》,是他实际上已经完成了这部庞大著述之后写作的,是全书的后记,大概是在司马谈去世二十年之后完成的。因此,司马迁对那件事的记忆,不可避免地会被他自己在那个期间的经历所塑造,他的那些经历要求他为生存和表达提供最强有力的、可以接受的理由。司马迁记录的父亲的临终遗言可能被歪曲了,这种说法要求我们考虑,介于司马迁父亲之死与司马迁记录其父之死这段时间的关键事件。司马迁悲惨地卷入了李陵事件,他因此被下狱并遭受了宫刑。这一段故事在汉代史书上有详细介绍,这里只介绍一下梗概。[28]

在汉初百年中,作为异族的匈奴给汉王朝带来不少麻烦。公元前 99 年,年轻冲动的李陵将军带领一支五千步兵的小部队对抗匈奴,李陵带领的这一小股队伍作战勇敢,给匈奴人带来大量伤亡,但最终还是被匈奴人打败了,李陵被活捉。当这个消息传到汉朝的宫廷,针对这位年轻的将军的抨击铺天盖地。只有司马迁

---

[28] 关于司马迁的自我介绍,译文见华兹生《司马迁》,第 56—57 页。沙畹关于整个事件的讨论在他的《司马迁的〈史记〉》卷 1,第 xxxvi—xliv 页。关于李陵远征的最好的记载是鲁惟一"散文翻译"的《汉书》卷 54《李广传》:《汉武帝的征伐》,小弗兰克·A. 基尔曼和费正清编《古代中国的战争之道》(剑桥,麻省:哈佛大学出版社,1974),第 119—122 页。

在皇帝面前为李陵辩护，但是他的辩护，被"不深晓"，他被移交给司法官员，以"诬上"的罪名被判处死刑。当时，支付一定数量的罚金就可以减刑，但是他的家庭没有这个财力，没有亲朋出来帮忙或为他"壹言"。最终，或许是他自己请求的，死刑被减为宫刑，司马迁在臭名昭著的"蚕室"受刑。[29]

蚕室的可怕经历和他后来作为宦官的生活，在第二篇文章《报任安书》中有详尽的展示，司马迁在其中讨论了自己的经历。下面将对这封信进行更详细的探讨；在这里只需注意，当司马迁坐下来给有罪的朋友回信时，他父亲的幽灵，因他儿子遭受宫刑而受辱，此刻站在他面前：

> 仆以口语遇遭此祸，重为乡党戮笑，污辱先人，亦何面目复上父母之丘墓乎？虽累百世，垢弥甚耳！[30]

司马迁自称为"刀锯之余"，他违背了孝道最重要的要求——身体发肤不可毁伤。[31]此外，他尚未获得好的名声，不能带来他父亲临终时所要求的家族荣誉。而且，司马迁声称他遭人

---

[29]《汉书》卷62，第2730页。之所以叫"蚕室"，因为行刑的屋子阴暗暖和，就像养蚕的地方，那个地方需要避风和保暖。以阉割代替死刑的原因是个谜。吕锡生讨论了在汉朝法律框架内改判的可能，他认为司马迁没有理由被改判。见《司马迁宫刑析疑》，《中国史研究》1983年第4期，第68页。

[30]《汉书》卷62，第2736页。

[31]《孝经》中强调了这个要求："身体发肤受之父母，不得毁伤。"（《孝经》，3b）《论语》也提到了要身体完整地死去。见《论语》8：1b（8.3）。

嘲笑，就像信中提到的其他遭受宫刑之人。[32] 面对这样的奇耻大辱，司马迁必须为拒绝自杀和继续活着找到一个令人信服的理由。这个理由出现在他父亲的临终遗言中，他父亲要求他完成著述，总结传统，成为第二个孔子。保持气节选择自杀并不能抹去父亲和自己名声上的污点，只有活着并虔诚地完成父亲赋予他的使命才能洗刷耻辱。

让我们稍微离题一下，进入一个更具思辨性的解释领域，我认为，从司马迁描述遭受宫刑和随后对他父亲遗言的回忆中，我们能看到一种奇怪的"家庭浪漫"。司马谈，就像回荡在他儿子脑海中的声音一样，成为宫刑的代名词，让他的儿子活得像一个"刀锯之余"的可怜之人。正如我在其他地方提到的那样，这个声音将以孔子的权威形象为蓝图塑造自己儿子的创造力。但是，正如我们将要看到的，司马迁将面对他父亲对"出一圣人"的焦虑，创作一部全面和完整的历史，这部作品不能被简单地归入任何儒家的范畴中，它彻底超越了自己父亲的温和文章，尝试进行一种广泛而富有创造性的综合。

我并不是说，司马谈那些被二十多年时间和极其痛苦的事件过滤之后的话语，完全是司马迁的虚构。我想说的是，司马迁记住了自己的过去，又重新解释了过去，就像所有人一样，穿过了随后事件的阴霾，在这种情况下，记忆不可避免地反映了这些可

---

[32]《汉书》卷62，第2727页。译按：此处原文有误，《报任安书》中司马迁所列之受辱之人并非都受过宫刑。

怕事件的痛苦和内部冲突。由此可见，司马迁父亲在洛阳附近奄奄一息的声音，与《论六家要旨》的声音不同，至少有部分是司马迁自己的声音。严厉、苛求的司马谈，至少有部分是司马迁的创造，他以此为在奇耻大辱中苟活而辩护。

  作为《论六家要旨》作者的司马谈，与那个给儿子临终遗言的司马谈之间存在明显的差异，这种差异的另一个原因引导我们转向《太史公自序》中的第二个重要人物孔子。我们必须牢记，司马迁的孩提时代与他父亲的成长环境完全不同。对司马迁而言，孔子显然已是最高权威，他在《史记》中经常引用孔子。李长之把司马迁称为"孟子之后，孔子的第二个最忠诚的追随者"[33]，这个称谓也许是恰当的。但司马迁一定不想只做一个称职的追随者，他的父亲鼓励他成为第二个孔子。这种崇高的甚至是虚荣的野心并非没有风险。首先，在孔子被作为"至圣"的时代，宣称自己是孔子的接班人会被人讥为狂妄。其次，在汉代，孔子的生平和他创作的文本，被认为是纠正孔子那个时代可怕的政治混乱所必需的。因此，司马迁把自己作为"孔子二世"，就是暗示他自己生活的时代和孔子生活的时代一样，这种暗示很难讨得汉武帝的欢心。司马迁很清楚地预见到了这些棘手的问题，并试图加以解决。司马迁运用中国古代常见的一种修辞策略，他创建了一位对话者"上大夫壶遂"，壶遂提出"问题"，为司马迁提供了一个化解潜在

---

  [33]《司马迁之人格与风格》，第50页。其中也有许多司马迁对孔子权威尊重的例子。同上书，第43—50页。

的反对意见的机会。壶遂感觉到了司马迁意在比肩孔子,他问道:

> 孔子之时,上无明君,下不得任用,故作《春秋》,垂空文以断礼义,当一王之法。今夫子上遇明天子,下得守职,万事既具,咸各序其宜,夫子所论,欲以何明?[34]

在对这个问题的复杂回答中,司马迁说,他只是试图充分宣扬在位的汉武帝是"明圣"。他声称现在的时代与孔子所处的混乱时代不同。[35]事实上,司马迁辩称他著述的目的,是担心"废明圣盛德不载,灭功臣世家贤大夫之业不述"。他不会贬低他所处的时代,反而会让时代的荣誉永垂不朽!然后司马迁以下面的精彩的陈述来总结他的观点:"余所谓述故事,整齐其世传,非所谓作也。而君比之于《春秋》,谬矣。"[36]

在最后一段,司马迁不仅否认他所处的时代和孔子所处的时代相似,甚至不承认他的历史创作在任何方面可以等同孔子的创作;和孔子不同,他只是一个传播者,而不是一个创作者。然而,

---

[34]《史记》卷130,第3299页。值得一提的是,壶遂是一个真实的历史人物,他和司马迁一起参加了《太初历》的制订。司马迁在《史记》卷108提到过壶遂,形容他"深中隐厚"。《太史公自序》中司马迁与壶遂的对话是否真实已不可考。

[35] 当然,他的这种主张有点虚伪。正如许多专家已经观察到的,《史记》中充满了对汉武帝及其统治直接或间接的批评。例如,司马迁在《史记》卷29中对他所处时代的政治经济的崩溃进行了清晰的描述和强烈的控诉。华兹生将《平准书》翻译为"The Balanced Standard," *Records of the Grand Historian of China*, Number LXV of the Records of Civilization (New York: Columbia University Press, 1971), vol. I, pp. 79-106。

[36]《史记》卷130,第3299—3300页。

司马迁是一位伟大的学者，他完全知道孔子曾说过："吾述而不作。"[37]司马迁说他只是传播而不是创造，这似乎是谦卑地拒绝与孔子相比较，但却在事实上肯定了这一点。

司马迁试图把自己作为五百年"圣人循环"中的下一环，是周公和孔子传统的继承者，这一点无须证明。正如之前提到的，公元前481年，据称捕获了一只麟。这一神秘事件的出现被作为《春秋》的结束，而《春秋》被认为是孔子编纂的经典史籍。《公羊传》，作为《春秋》三传之一，解释说："有王者则（麟）至。"[38]在孔子所处的混乱时代，真正的王并没有处于掌权的位置。根据汉代初年的解释，真正的王是"素王"——孔子自己。据司马迁记载，公元前122年，另一只麟被捕获，他进一步界定了《史记》的时间范围，从传说时代的陶唐"至于麟止"。[39]当然，这一事件可能预示了上天对汉武帝统治的认可，也可能预示了另一位"素王"的出现，类似之前的孔子，将为后代提供关于传统的完整可靠的总结。

此外，作为《春秋》颇具影响力的传，在评论了孔子时代麟出现的意义之后，《公羊传》以孔子的话结束："制《春秋》之义以俟后圣。"通过最后这句话，《公羊传》暗示，另一个圣人即将到来，这个圣人能充分理解孔子的微言大义。司马迁在《史记》

---

[37]《论语》7:1a（7.1）。
[38]《公羊传》哀公十四年。
[39]《史记》卷28，第1387页；卷130，第3300页。

结尾处有同样的话,公开地将自己的文本与早期的《春秋》关联起来:"藏之名山,副在京师,俟后世圣人君子。"[40]

关于司马迁与孔子、儒家传统之间的关系,我将在下面的第二章、第三章中进一步地叙述。这里需要特别注意司马谈要求儿子成为"孔子二世"的嘱托,在这些话语中,素王的幽灵被召唤,约束了我们的历史学家,给他限定了一项特别的任务:成为历史的权威。司马谈和孔子的声音化身为使命和职责的回响萦绕在司马迁耳边。此外,儒家节制和克制的主张所敦促的并不仅仅限于思想,它同样也对文字有所要求;作为历史学家的孔子,也因语言精练而闻名。当他开始编纂他的杰作《春秋》时,司马迁说孔子"约其文辞而指博"[41]。

尽管有这种令人信服的儒家克制模式,司马迁《史记》的力量既不是来自情绪的克制,也不是来自文字的精炼。来自司马谈和孔子所代表的例行使命和传统的强大压力,被司马迁扩充他的作品和消化过去的一切的冲动所平衡和频频淹没。因为伟大的汉代史家把时间和文本的边界,扩大到包括所有历史以及它的多重文本,因此陷入冲突和困境的可能性也就增加了。此外,正如下面我们即将展示的那样,司马迁文本的力量来自这种冲突,而不是精炼或礼的秩序。

除了上面提到的范围的问题之外,司马迁关于文学创作的理

---

[40]《史记》卷130,第3319—3320页。
[41]《史记》卷130,第3319页。

论也一定会颠覆《春秋》所呈现的克制和精炼的模式。在司马迁看来，文学力量来自一种巨大的失意，它使得约束和控制几乎不可能。在《太史公自序》和《报任安书》中最重要的段落，也是唯一延伸的段落中，司马迁几乎是逐字重复了下面这段话，用以解释了文学创造力的源头：

> 昔西伯拘羑里，演《周易》；孔子厄陈蔡，作《春秋》；屈原放逐，著《离骚》；左丘失明，厥有《国语》；孙子膑脚，而论兵法；不韦迁蜀，世传《吕览》；韩非囚秦，《说难》《孤愤》；《诗》三百篇，大抵贤圣发愤之所为作也。此人皆意有所郁结，不得通其道也，故述往事，思来者。[42]

根据这个理论，伟大的文学作品都来自极端的生存困境，如遭受排斥、监禁、挫折和迫害及死亡的痛苦。因此，文学是一种能量的转移——不能在当下的政治世界中表达思想观点，这应该是所有优秀的儒家学者关注的问题，即作者淡出，思考"过去的事件"，并向未来的读者吐露心声。在上面司马迁所述的模型中，作者在自己的时代死亡，通过他的作品在另一个合适的时代重生。人们甚至可以说，失意的作者变成"文本式"萨满，在后世为死者说话。当学者—历史学家把不朽赋予他人时，他自己也获得了同样珍贵的礼物。

---

[42]《史记》卷130，第3300页；《汉书》卷62，第2735页。

司马迁的文学产生理论所反映的观点，在中国催生了一套包括卫德明所谓的"学者挫折主题"在内的文学体系。[43]在这样的文学作品中，作者通常哀叹他们生不逢时，注定生前得不到认可。他把自己的名声和被理解的理由摆在那些尚未到来的读者——他在后世的读者群面前。把《史记》作为中国这一重要文学主题的伟大源泉之一，我认为是合适的。读者当然能指出其中更早的代表，孔子和诗人屈原（公元前343年？—前277年？），他们的生活也展现了"学者的挫折"，但我们知道这些人物，并意识到他们遭受的不幸，主要还是通过《史记》对他们的描绘。换句话说，这些挫折的典型代表，很大程度上是司马迁塑造的。

值得一提的是，在这个环节，司马迁除了《太史公自序》和《报任安书》外，还留下一篇重要文学作品，这个作品也展示了挫折主题。这是一篇名为"悲士不遇"的赋，它描写的是不被赏识的人才：

> 谅才懿而世戾。
> 将逮死而长勤。
> 虽有形而不彰。
> 徒有能而不陈。[44]

---

[43]《士不遇：对一种类型的"赋"的注解》，费正清编《中国的思想与制度》（芝加哥：芝加哥大学出版社，1957），第310—319页。

[44] 译文来自海陶玮《陶潜赋》，《哈佛亚洲研究学报》17（1954），第198页。这首赋的作者是否是司马迁存在争议。很多现代学者认为作者应该是陶潜。见赵新志《司马迁赋作的评价》，《司马迁：其人其书》（1960：重印，台北：长安出版社，1985），第170—186页。

这篇赋中所描述的沉重挫折必须爆发出来——它是一部伟大文学作品的源头。在其他地方，司马迁用"发愤"一词描述这种被压抑的情感的极端宣泄。司马迁认为，《诗经》中绝大多数被推崇的诗歌，都是"发愤"的作品。[45]司马迁也用这个词来描述导致其父死亡的情绪的极端释放。他写道，当汉武帝在公元前110年举行封禅大典，正式向上天宣告时，司马迁的父亲，太史公司马谈，滞留周南，未能参加祭祀大典。没有能参加神圣的封禅大典，司马谈"发愤且卒"。[46]"发愤"这个词，司马迁在其他地方用来描述某种能量释放的良好情况，显然不能用一个英语单词充分解释，需要作进一步的说明。[47]

发愤是一个动宾短语。动词"发"的意思是：释放，像箭一样射出，表达。宾语"愤"，词源学上是一个词汇家族的一部分，与被"填满"有关，通常但并不总是，与"烦""闷"或"忿"有关。[48]在其他地方，司马迁使用过"怨"这个词，这可能是与"愤"同一词汇家族中一个更远的成员，用来表达经常激发文学创作和/或死亡的情绪。关键是，这个词意味着堵塞和随后的能量释放。这种强烈的释放，一种压抑已久的沮丧的爆发，自然易于过度，不容易被种类繁多的礼所控制。

---

[45]《史记》卷130，第3300页。

[46]《史记》卷130，第3295页。

[47] 见《史记》卷61，第2125页："非公正不发愤。"同样含义的句子也出现在《论语》中，见《论语》7:4a-4b（7.19）。

[48] 见王力关于"家族"这个词的讨论，《同源字典》（重印，台北：文史哲出版社，1982），第525页。

司马迁的文学生产理论，如上所述，用"发愤"这个词概括，唤起了他生活中的一个基本矛盾。在他父亲追忆中提到的榜样孔子，是克制和精炼的代表，这个榜样站在他面前，将影响司马迁的语言和情感。他的沮丧，被他"刀锯之余"的残缺确认并放大，导致他拒绝克制。事实上，与孔子《春秋》的微言大义正相反，司马迁的历史著作实际上是一部无节制的作品。

我这里并不是暗示孔子没遭受过挫折。事实上，至少正如司马迁所呈现的，孔子的生活就是在挫折中学习（见第二章）。但孔子对政治失败的反应基本上是克制的。圣人从来没有陷入极端的疯狂和自我毁灭，而这种极端正是《史记》中许多其他角色的典型特征。极端的典型是有时被称为"中国诗歌之父"的屈原，或许司马迁是为了让其与孔子的克制和谨慎形成强烈的对比。和其他中国古代众多的人物一样，司马迁塑造了屈原的形象，他通过将屈原的诗歌与政治挫折直接结合的方式，讲述了屈原的故事。在关于屈原生平的叙述中，司马迁更加鲜明地将被时代湮没与文学创作的主题联系在一起，从而保证了屈原在后世的声誉。

这个故事耳熟能详，它已经深深扎根于受过教育的精英阶层和普通百姓的意识之中。屈原劝谏楚王不要和西北方向发展起来的贪婪的秦国结盟。因为反秦的建议，他被其他官员诽谤，被楚王疏远，最终被流放。司马迁用最极端的语言描述了屈原的死亡：

屈平正道直行，竭忠尽智以事其君，谗人间之，可谓穷矣。信而见疑，忠而被谤，能无怨乎？屈平之作《离骚》，盖自怨生也。……（在被进一步疏远和放逐之后）屈原至于江滨，被发行吟泽畔……乃作《怀沙》之赋……于是怀石遂自投汨罗以死。[49]

虽然父亲的临终遗言或许会让司马迁转向孔子，但是他自己被"诽谤"和"疏远"的经历，无疑唤起了他对屈原的记忆。[50]就像在充满激情的《报任安书》中，司马迁对自己亲身经历的描写，在感情和克制方面，并不亚于他笔下的屈原的故事：一位"离尤"诗人的"潦倒"和自杀。事实上，司马迁《报任安书》中充满了沮丧、感伤和自我贬低，让人无法卒读。

司马迁为什么选择给一个被判处死刑的人写这样一封信，这是一个难题。华兹生认为这封写给任安的信的最终目的是，司马迁想说服他的朋友自杀，避免被囚禁和处死。[51]这是一个比我能给出的、关于司马迁回信目的的更宽容的解释。许多学者认为，任安在一封信中要求司马迁替他向皇帝求情，这个要求激发了司马迁的反应。然而，仔细研读这封信会有不同的结论。在早些时候，处境还比较好的时候，任安可能给司马迁写了一封立意高远的信，他在信中希望司马迁"推贤进士为务"。司马迁在相当长的

---

[49]《史记》卷84，第2481、2486、2490页。我稍微改编了一下霍克斯对这篇文章的翻译，见《楚辞：南方之歌，古代中国诗集》（牛津：牛津大学出版社，1959），第12—13页。

[50] 关于司马迁使用屈原神话的一些有趣的想法见施耐德《楚狂人：忠诚与异议的中国神话》（伯克利：加州大学出版社，1980），第17—44页。

[51] 见沙畹《司马迁的〈史记〉》卷1，第xliii—xliv页。

时间内没有回信，在这段时间中，任安自己陷入了阴影中。因此，司马迁把给任安回信看作是与任安最后交流的机会。与华兹生相反，我认为，司马迁并没有试图说服任安采取任何具体的行动。相反，他利用自己正在和一个即将死去的人说话这一事实，来表达自己可怕的挫败感。任安相当迂腐的建议很快被司马迁的言论晾在一边，他说自己是可怜的受过宫刑的人，无力推荐任何人晋升；当然，他也无力在任安极度需要的时候帮助他。在为不作为简短辩解之后，司马迁将这封信的重点从任安身上转到他自己的不幸经历上。这封信最终被收入《汉书》，或许它从来不是仅仅被当作私人之间的交流，而是作为司马迁写给后人的遗嘱，在这里，司马迁允许自己比在《太史公自序》这样正式的记载中，有更直接、更情绪化的表达，《太史公自序》毕竟是他关于中国宏大历史的结尾部分。

　　无论司马迁给任安写信的目的是什么，精力郁积的主题是他文学创作理论的核心，这在他的信中反复出现。他愿意尽力帮助任安，但他"动而见尤"，在朝廷孤立无助，司马迁说自己"是以抑郁而无谁语"。最后一句话恰巧引自屈原，这表明他是如何极度认同这位伟大的诗人。[52] 司马迁继续在信中说道，"诟莫大于宫

---

[52] 我这里使用"抑郁"这个词，字面的意思是"压制和凝滞"（《汉书》卷62，第2725页）。"抑"在许慎《说文解字》中被解释为"按"。这个字的古字形，像一只手把人推倒跪着的姿势。见丁福保《说文解字诂林》（重印，台北：台湾商务印书馆，1976）第4429b—4430b页。"郁"，最初的意思是草木茂密，后衍生出凝滞之意（同上书，第2685b页）。

刑"。在他看来，这种惩罚将永久地阻止他发挥任何直接的政治影响，让他无法动弹："如今朝虽乏人，奈何令刀锯之余荐天下豪隽哉？"司马迁自称是"亏形为扫除之吏"，一个住在"阘茸"中的人——这里再次出现言语难以表达的主题——"嗟乎！嗟乎！如仆，尚何言哉！尚何言哉！"[53]

司马迁描述了导致他被监禁和惩罚的李陵事件的细节，然后他转向自杀的主题，并试图解释为什么自己没有选择"自杀"这个选项。他用"引决"这个不常用的词来描述自杀，这个词的意思类似于"引起和决定"，复合词的字面意思是"打开"和"打开一条通道"。[54]

正如"引决"一词字面意义所表明的，自杀是缓解强烈压力的一种手段，是一个释放沮丧的渠道。《史记》中经常出现自杀，那些被引导"打开"这个特殊通道的人物激发了司马迁一些最有力的叙事。项羽就是其中一个最好的例子，后来他被称为"愤王"。项羽被包围，面对必然的失败，直到最后仍然坚持失败不是自己的错，是上天击败了自己。项羽在敌军中看到一个旧部，便召唤他，"吾闻汉购我头千金，邑万户，吾为若德"。他自刭而死。[55]还有一个李广的例子。李广是李陵的祖父，在《李将军列

---

[53]《汉书》卷62，第2727—2728页。
[54]《汉书》卷62，第2733页。"引"原字意是"开弓也"，见《说文解字》，第5769a—5769b页。"决"在古汉语中的意思是"开一个口子"以便水能自由流动。例子见朱骏声（1788—1858）《说文通训定声》，转引自《说文解字诂林》，第5015a页。
[55]《史记》卷7，第336页。

传》中,他的神力和激愤被刻画得活灵活现。他把石头错当成老虎,射出的箭深深地没入了坚硬的石头里。李将军晚年犯了一个严重的错误,被勒令以失职罪受审。他决定的时刻到了:"且广年六十余矣,终不能复对刀笔之吏。"然后,他引刀自刭。[56]另一个例子是樊於期将军,他从秦国逃了出来,在燕国落魄地生活,念念不忘报复杀害他家人的秦王。当他被告知假如把他的头颅作为礼物,刺客就可以靠近并杀死秦王时,樊将军欣喜若狂:"此臣之日夜切齿腐心也,乃今得闻教。"于是他自刭而亡。[57]

所有这些英雄,还包括许多名字没有列在上面的英雄,开启了缓解失意的最后渠道,在他们鼓起勇气迈出最后一步时,他们的名声就确立了。但是司马迁向任安解释道,虽然忍受着巨大的痛苦和自我厌恶,但是他自己没有选择自杀。在这里,他的解释也唤起了熟悉的郁积形象:让他回忆起狱卒的暴力和恐怖,"积威约之势也"。[58]

司马迁选择活下来的最主要的原因是自己未完成历史著述,这是他给任安的解释。以他的情况,现实世界中所累积的失意和屈辱,不至于通过自杀来表达。和他描述的那些行伍英雄不同,司马迁是一个以文字为职业的人,他会把他的失意转移到文字世

---

[56]《史记》卷109,第2876页。
[57]《史记》卷86,第2532—2533页。
[58]《汉书》卷62,第2733页。

界:"草创未就,适会此祸,惜其不成,是以就极刑而无愠色。"[59]他的怨恨,与他创造的理论完全一致,被升华为一种文本,使他死后免遭恶名,就像它将解除其他人的恶名一样:"恨私心有所不尽,鄙没世而文采不表于后也。"[60]司马迁不能容忍自己在后世默默无闻,就像他不能让自己笔下的人隐没在后世一样。因此,他在信的结尾说,只要他的整部历史著作"藏之名山,传之其人,通邑大都,则仆偿前辱之责,虽万被戮,岂有悔哉!"[61]

和司马迁所敬佩的许多其他作品一样,《史记》诞生于失意。学者通过文学作品释放失意,类似项羽、李将军和樊将军这样武夫的自杀。我要指出,这样一种解释,并不是说《史记》全部写于李陵事件之后,是那一事件痛苦的反映;准确地判定《史记》每一卷的写作时间事实上是不可能的。[62]但有一件事是肯定的,《报任安书》中体现的解释和使他行为合理化的精神,同样充斥于司马迁的历史叙述中,鲁迅(1881—1936)因此描述《史记》为"史家之绝唱,无韵之《离骚》"[63]。这部"绝唱"诞生于失意和激情,撒

---

[59]《汉书》卷62,第2735页。对此持赞成态度的 Eric Henry 解释说:"自杀在中国早期流行的主要原因是,这是一种真诚或正直的表现,一种让他人了解自己内心深处的方式。"他继续指出,如果后世长期的荣誉可以抵消暂时的耻辱,自杀就没有必要。参见 Eric Henry, "Motif of Recognition," *Harvard Journal of Asiatic Studies* 47.1 (June 1987): 13。

[60]《汉书》卷62,第2733—2735页。

[61]《汉书》卷62,第2735页。

[62] 李长之有过这样的尝试(《司马迁之人格与风格》,第151—206页)。

[63] 见《汉文学史纲要》,《鲁迅全集》第9卷(北京:人民文学出版社,1963),第308页。《离骚》当然是屈原伟大的抒情诗,按照传统的解释,他在诗中抱怨统治者没有重用自己,未能采纳自己的建议。

下了一张比以往任何时候都宽广的叙事之网。通过巨大能量的释放,"发愤"产生了《史记》,它既不能轻易被限制在传统的界定中,也不能被束缚在《春秋》这样精炼的文本的严格范围中。

司马迁对历史全面而热切的加工,不可避免地导致他对所有传统的边界进行深刻的、自我拷问式地质疑。这种质疑在《伯夷列传》(卷61)中有最直接的体现,这是极其重要的一卷,是列传第一篇,司马迁所有评论中最长且最具文学意义的一篇。在《太史公自序》中,司马迁这样解释给予伯夷叔齐列传重要地位的原因:

> 末世争利,维彼(伯夷和他弟弟叔齐)奔义;让国饿死,天下称之。作《伯夷列传》第一。[64]

伯夷叔齐这一卷至少在两个方面与列传中其他篇章完全不同。首先,列传中其他各卷所涉及的人物,都生活在东周、秦和汉代(即公元前771年之后)。唯独这一卷关注了更早时期的人物,时间相当早,为殷商晚期和周代(约公元前1040年)初期。这种异常并没有被忽视——最具洞察力的批评者之一、唐代史学理论家刘知幾(661—721),对司马迁没有关注东周之前的其他人物感到奇怪。在提出几种可能性之后,刘知幾说:"盍各采而编之。"[65]其次,《伯夷列传》这一卷文体非常独特。在典型的列传中,司马

---

[64]《史记》卷130,第3312页。
[65] 见《史通通释》,第238页。

迁叙述一个人或一组人的生平事迹,很少有他自己的直接评论。在《史记》的列传和其他部分,司马迁在每卷的末尾发表他的评价和评论,通常由"太史公曰"引出。然而,在这篇特别的"列传"中,关于"伯夷"生平事迹的描述只占全部文本的不到三分之一,而司马迁对故事的直接评价和讨论则占据了另外的三分之二。所以本卷末尾的"太史公曰"就完全没有必要,因为全篇都是评论。明代学者陈仁锡(1579—1634)对本篇的评价是公允的,他说"颇似论,不似传"。[66]无论伯夷和叔齐兄弟拥有什么样的美德,他们的列传被明确地放在"列传"之首,作为整个列传部分的介绍。因此,它关注的问题,与"列传"最后一篇《太史公自序》及《报任安书》关注的问题非常相似。[67]

《伯夷列传》开篇阐述了一个指导司马迁"正统"思想的原则:"夫学者载籍极博,犹考信于六艺。"[68]然而,司马迁在提出这个汉初流行的原则的同时,他就开始质疑它了。据非经典文献记载,尧让帝位给许由,夏代的知名人士卞随和务光也曾推掉王

---

[66] 凌稚隆《史记评林》(1576;重印,台北:地球出版社)。张大可把这一卷称作"序言、散文",与表的序没有太大差别,见《史记全本新注》(西安:三秦出版社,1990),第1315页。参潘重规《〈史记·伯夷列传〉称"其传曰"考释》,《大陆杂志》12.3(1959年3月),第1—3页。

[67] 事实上,有人怀疑本篇相对简短的"传"直接引自他书。见曲颖生《〈史记〉列传以伯夷居首之原因》,《大陆杂志》12.3(1956年2月),第28—32页。王叔岷反对这样的观点,他认为司马迁的《伯夷列传》是根据《庄子》《吕氏春秋》《韩诗外传》等文献拼凑而成的。见《史记斠证》(台北:"中央研究院",1982),第7册,第1995页。

[68]《史记》卷61,第2121页。

位。[69]此外,司马迁也肯定了许由的历史地位,他亲自登上箕山,见过这位伟人的墓。令人费解的是,孔子竟然忽略了这些早期谦让行为的典范:

> 孔子序列古之仁圣贤人,如吴太伯、伯夷之伦详矣。余以所闻由、光义至高,其文辞不少概见,何哉?[70]

司马迁在此处暗示,六艺提供的可靠性标准或许是不完整的,在他生活的时代,六艺被认为是六经,一个人的名字出现在经典中,在一定程度上是一种偶然,而不是孔子对历史记录彻底筛选的结果。

司马迁要重新认识机遇在历史写作中的关键作用,他首先求助于孔子本人,因为毕竟伯夷和叔齐是被孔子提及,才让这两人名垂青史。孔子说:"伯夷、叔齐,不念旧恶,怨是用希。"[71]这些保存在早期文献中的人物传记,本应是孔子道德评价极佳的例证:伯夷和叔齐作为稳重的典范出现,他们以堪称楷模的合理应对危机。但司马迁立刻指出问题所在,"余悲伯夷之意,睹轶诗可异焉"。[72]

为了准确地指出他认为的"异",司马迁必须重述伯夷和叔齐的故事。这是一个古老的故事,在《史记》之前,出现了相当多

---

[69] 这些人物,见《庄子》9:16a(第28章)。
[70] 《史记》卷61,第2121页。
[71] 《史记》卷61,第2122页。孔子的话,见《论语》5:6b(5.23)。
[72] 《史记》卷61,第2122页。"轶诗"是指未收入《诗经》的古代诗歌。

的文本变化。[73]司马迁的版本如下:

> 伯夷、叔齐,孤竹君之二子也。父欲立叔齐,及父卒,叔齐让伯夷。伯夷曰:"父命也。"遂逃去。叔齐亦不肯立而逃之。国人立其中子。
>
> 于是伯夷、叔齐闻西伯昌善养老,盍往归焉。及至,西伯卒,武王载木主,号为文王,东伐纣。伯夷、叔齐叩马而谏曰:"父死不葬,爰及干戈,可谓孝乎?以臣弑君,可谓仁乎?"左右欲兵之。太公曰:"此义人也。"扶而去之。
>
> 武王已平殷乱,天下宗周,而伯夷、叔齐耻之,义不食周粟,隐于首阳山,采薇而食之。及饿且死,作歌。
>
> 其辞曰:"登彼西山兮,采其薇矣。以暴易暴兮,不知其非矣。神农、虞、夏忽焉没兮,我安适归矣?于嗟徂兮,命之衰矣!"[74]

这个故事引出了一些棘手的政治问题。或许其中最明显的是王朝更替问题。虽然弑君是最严重的罪行,但是所有伟大王朝的创立者,包括周武王这样的文化英雄在内,都曾犯下这一滔天罪行。儒家思想家孟子曾探讨过这个问题,他坚持认为,杀死一个不称职的国君根本不是真正的"弑君",仅仅是在惩罚一个"普通

---

[73] 关于上述引文差异的英文摘要,见艾兰《世袭与禅让》(旧金山:中国资料中心,1981),第108—117页。

[74]《史记》卷61,第2123页。

的罪犯"。[75]孟子的解决办法很简单,但这个问题一直到汉代仍然存在,在司马迁出生的前几年,这个问题在汉景帝面前还被讨论过。[76]

然而,伯夷与叔齐故事中令人不安的政治含义并不是司马迁最关心的。事实上,他更关心另一个问题:"由此观之,怨邪非邪?"司马迁对这个反问句答案的期望是显而易见的。正如司马贞在《索隐》中所说,这可能表明他自己对后果感到不安,"太史公言己观此诗之情,夷、齐之行似是有所怨邪?又疑其云非是怨邪?"[77]

众人认可的伯夷和叔齐的故事,与孔子对他们的描述之间的明显差异,让司马迁困惑不已。孔子怎么会说殷商这两个忠臣死而无怨呢?因此,司马迁暗示,不仅六艺不完整,孔子本人也会犯错——司马迁的怀疑加重了,因为他无法为圣人的判断找出正当的理由。但是,司马迁并没有进一步探讨这个问题,而是突然转向了一个更大的问题,将经典的完整性和准确性问题留在后面。他引用了一个古老而又广泛流传的格言,抛出了一个更大的问题:"天道无亲,常与善人。"[78]不幸的是,司马迁对历史事件的解读

---

[75]《孟子》2:13a(1B.9)。英语翻译见刘殿爵《孟子》卷1(香港:香港中文大学出版社,1984),第39页。

[76] 这场论战发生在黄生与辕固生之间,萧公权以汉初法家与儒家冲突为例进行了详细论述(《中国政治思想史》,第456—457页)。论战原文见《史记》卷121。

[77]《史记》卷61,第2123页。

[78] 这句格言出现在《老子》第79章,也出现在了《说苑》中,认为作者是孔子(四部丛刊本,10:17a)。更多的变化,见施之勉《史记会注考证订补》(台北:华冈出版社有限公司,1976),第1070页。王叔岷《史记斠证》,第2000页。

并不支持这份天真的天道公平的宣言,作为道德的典范,伯夷和叔齐饿死了;颜渊,唯一一个孔子能真诚推荐的弟子,短寿而亡,而邪恶的盗跖却得善终。面对这样令人痛苦的例子,司马迁变得越来越不安:"余甚惑焉,傥所谓天道,是邪非邪?"[79]

在他这段叙述的关键节点,当历史和道德评价的基础在他面前摇摇欲坠的时候,司马迁的散文融入了一堆杂乱无章的引文。他似乎在翻找过往智慧的清单,把每一个相关的段落串在一起,徒劳地从他自己顽固的怀疑中找到一些出路。首先,他从《论语》中连续引用了三段,没有任何评论或解释:

子曰:"道不同不相为谋",亦各从其志也。[80]
富贵如可求,虽执鞭之士,吾亦为之。[81]
岁寒,然后知松柏之后凋。[82]

圣人的格言之后,紧接着是中国古代的另一句谚语:"举世混浊,清士乃见。"[83]

这一系列引文的确切内涵是什么?司马迁没有提供答案。也许他是在暗示,既然人类的命运是不确定的,那么所有人能做

---

[79]《史记》卷61,第2125页。
[80]《论语》15:7b(15.39)。
[81]《论语》7:3a(7.24)。
[82]《论语》9:7a(9.27)。
[83] 一些评论家认为这个典故出自《老子》,《老子》"国家昏乱,有忠臣"(第18章)。屈原的一句话与此很接近,见《史记》卷84,第2486页。

的就是，遵从自己的意愿，从最好的方面想——不可能保证公平。此外，只有在非常罕见的时刻，特别是困难的时候，真正有价值的人才会被发现。因此，许多当之无愧的君子，在一段时间内，在一个几乎无法大有作为的地方，默默无闻地工作和死去。似乎，没人能指望获得声名。

在这一系列不连贯的引文之后，司马迁提出了一个反问，这个问题已经成为本卷中最具争议的一段。问题的语法和词汇是明确的，但两个关键指示代词的可能先行词为解释留下了相当大的余地。从字面上看，"岂以其重若彼，其轻若此哉？"[84]

司马贞认为上句中的先行词"彼"，是指伯夷让位给叔齐的行为，先行词"此"是指他采薇而饿死。按照这种解释，这段话表达了对我们英雄的重点和决心的惊讶："谓伯夷让德之重若彼，而采薇饿死之轻若此。"[85]明清之际顾炎武（1613—1682）认为，可以理解为每个从句都有主语，我在上面将主语翻译为"我们"，但这个主语应该用第三人称，并在每个从句中给予不同的先行词，当代学者王叔岷同意顾炎武的这个观点。第一个分句中的先行词是"俗人"，第二个分句中的先行词是"清士"。他认为，所有格代词"其"，指的都是"富贵"。这样，我们就能翻译为，"怎么俗人能把富贵看得这么重，清士就把富贵看得这么轻呢？"[86]

---

[84]《史记》卷61，第2126页。
[85]《史记》卷61，第2127页。
[86]《史记斠证》，第2008页。

司马贞和顾炎武的解释都不涉及直接的上下文——一系列来自过去的权威引文。我认为，这一神秘的陈述直接聚焦前面司马迁关于天道公平两难选择的几句话上："岂以其重若彼"，指的并不是直接的上下文，恰好就是我们从指示词"彼"即"在那边"中期望的——换句话说，即伯夷的故事和附加的颜渊和盗跖的例子。"其轻若此哉"指的是反问句前面的线索——古代的圣人给出的"容易"的答案。一个更灵活的翻译应该是："不公正的例子怎么可以如此极端、如此可怕，但整体问题却如此容易被忽视。"司马迁疏通和串在一起的引文，不能也不会消除历史记载中固有的失意和困惑，格言只是为这个严肃的问题提供了简单却近于荒谬的答案。我相信，司马迁正在表达极度的不满——他在孔子和老子的话语中找不到神奇的解药来消除困扰着他的强烈怀疑。

司马迁为了实现父亲遗愿而担任史官。随着《伯夷列传》的展开，他试图在儒家另一个范畴内重构自己及其孝道责任："君子疾没世而名不称焉。"[87]来自贾谊的观点强化了这一点。贾谊是一个道德典范，汉初，他在汉文帝身边服务，没有被赏识："贪夫徇财，烈士徇名。"[88]这似乎使历史学家角色神圣化，他不仅寻求自己建立功名，还要彰显其他圣贤的功名。

司马迁继续引用另一部文本——《易经》："同明相照，同类

---

[87]《史记》卷61，第2127页。
[88]《史记》卷61，第2127页。

相求。"[89]于是，孔子照亮了伯夷、叔齐和颜渊。通过赞美他们，孔子让他们名垂青史，这些人依附于孔子，就像"附骥尾"。历史学家因此成为拯救者，那些依附于他的人被拯救，通过他的笔墨名传后世。历史学家这样一种准宗教概念的地位，一定程度上是早期时代的残余，当时的占星家管理占卜，负责祈祷，并执行一系列虔诚的任务。[90]

但就在司马迁因为历史学家扮演崇高角色而重启自信的时刻，怀疑再次出现："岩穴之士，趣舍有时若此，类名堙灭而不称，悲夫！"[91]由此可见，司马迁知道，他的作品和孔子的作品一样，将不会是完美的——非正义将继续存在。历史学家必须尽力弥补天道的不公，但是，就像天道一样，他会失败的……而他权力较小，或许受到的责备会少些。

《伯夷列传》，处于《史记》的中心，是列传部分的第一篇，它是对历史学家所从事的整体努力和这种努力所包含的道德世界的激进质疑。从某种意义上说，这是一种失败的宣告，一种对不完整的复杂历史的道歉，一种为不完美的辩护，指出了孔子记录

---

[89]《史记》卷61，第2127页。
[90] 徐复观在一篇重要的文章中追溯了中国古代从宗教史学向人文史学的转变。最早的记录者（作册）是担负宗教职能的祭祀人员。《左传》中出现的史官的主要职责仍然偏宗教，包括祈祷、占卜、管理日历、解释灾难、发布帝国命令和管理家谱等。徐复观追踪了从周朝中期到汉代史官职责逐渐偏重人文的过程，但指出，"在这种中国的人文主义精神中可以看到宗教的特征"。他指出，史官（他现在更像是一个历史学家，而不是占星家）的判断逐渐地代替神的判断，也取代了神，史官以书写的力量得到永生。这篇富有启发性的文章，见《原史：由宗教通向人文的史学的成立》，《中国史学史论文选集》，第1—72页。
[91]《史记》卷61，第2127页。

的缺陷，以及天道明显的不公。显然，司马谈赋予他的职责完全是不可能实现的。历史的力量不能被限制于整齐的新的综合。司马迁发现了太多的疑点，太多的悬念，这无法遏制。

让我们回到最初视角来看这个问题，司马谈赋予他儿子成为孔子二世的使命时，给了司马迁一个艰巨的任务。孔子一世的使命比二世容易些，因为就文学传统而言，文本的传播在周代中期并没有像汉代初期那样广泛普遍。大多数中国学者已经接受了传统的观念，即在西周时期，教育被官府垄断，而到了孔子时代，这种旧的垄断已经消失。孔子对日益蔓延的混乱做出了回应，试图给已经瓦解的政治世界和支离破碎的文本世界带来秩序。汉初学者渴望回到那个古老而秩序井然的时代，对他们来说，孔子是六艺的传播者，六艺是过去真理的精华。但是，在孔子的努力之下，六艺中所包含的"统一"传统仍在瓦解，战国时代见证了中国前所未有的文化的繁荣。百家争鸣，各种各样的新文本出现了。传统变得越来越分散，也越来越难以控制。司马迁在探索历史的过程中，特别是从战国时代到他自己生活的时代，他一定充满困惑和自我怀疑，这种感觉在《伯夷列传》中被戏剧性地记录了下来。简单直接地说，历史已经变得太庞杂了。这么多年的不统一和文本的泛滥，使他跨越过去"成一家之言"的尝试变得极为复杂。[92] 但司马迁对六艺中包含的克制和秩序的追求，以及成为孔

---

[92] 司马迁在《报任安书》中表达了"成一家之言"的愿望，本书第六章中将详细讨论。

子二世的努力,并不仅仅是因为文本的激增而变得复杂。正如我们所看到的,他在给任安的回信中一次又一次悲惨地提到,他的历史是为了冲破郁积而向前推进的。他的创造性冲动将爆发,他肯定是一个创造者,而不是一个传播者,在压倒性的挫折和激情的驱动下,他自己相信的那种力量让最有力的笔开始了创作。司马迁的笔端蕴含着惊人的能量,跨越了一个蓬勃发展的过去,但那过去,被他强烈的感情激活,超出了统一的传统边界的束缚。他用纯正的儒家统一过去传统的尝试失败了,当后来的读者尝试理解他的鸿篇巨制时,经常陷入困惑,也许司马迁有时也会有同样的困惑,当他自己试图理解在他之前的记述时。

第二章　司马迁笔下的孔子

（孔子）可谓"至圣"矣。

——《史记》

司马迁生活在一个充满约束的世界，一个充满仪式和传统的世界。如果说严重的个人失意促使他质疑和挑战这些约束，但是我们也不能因此就把他看作是传统的对手，因为司马迁本人在很大程度上负责建构这种传统。关注中国的传统，就必须认真留意《史记》的价值、原则和模式；在司马迁构建的历史的中心，耸立着"至圣"孔子巍峨的身影，他是司马谈告诫儿子效仿的榜样。我认为，孔子是《史记》的中心人物。而且，司马迁的自我意识和使命感，正如前一章所指出的，与他关于孔子的概念紧密相关。尽管在司马迁的时代，关于孔子的故事和传说已经相当丰富，但还没有人将这些故事和传说组织成一部"写真"。因此，《史记》卷47《孔子世家》，是中国历史上首次尝试撰写孔子的传记，它不仅在司马迁的《史记》中，而且在中国文化史上占据重要地位。一些评论家认为，司马迁的孔子传是一次巨大的失败。事实上,《孔子世家》无论是形式还是内容,都是被严厉批评的对象。形式上,批评者关心的是,为什么关于孔子的叙述没有放在"列传"中,而是归入到"世家"中?他们认为,世家应该只收录那些几代在封地上拥有自治权的家族。宋代王安石(1021—1086),认为孔子"旅人也……无尺土之柄",他还说,孔子应该被放入"列传",并质疑"曷为世家哉?"[1]

针对王安石的问题,清代著名学者赵翼(1727—1814)分析指出,司马迁尊敬孔子,将其列入世家是为了使他有别于其他诸子。[2]这种看法毋庸置疑,但司马迁对孔子的分组问题,可能比赵翼的简单回答所包含的内容要复杂很多。首先,司马迁自己对"世家"所包括的范围的定义,与后世许多学者的猜测相反,他既不强调土地的占有,也不强调世系继承:

> 二十八宿环北辰,三十辐共一毂,运行无穷,辅拂股肱之臣配焉,忠信行道,以奉主上,作三十世家。[3]

关于星宿和北辰的描写来自孔子,关于三十辐和一毂的描述来自《老子》。[4]然而,值得注意的是,司马迁定义中强调的不是

---

[1] 王安石《孔子世家议》,《临川先生文集》,四部丛刊本,第46册,71:11b-12a(455—456)。
[2] 赵翼《陔余丛考》(台北:新文丰出版公司),第一册,卷5,第2b页。
[3] 《史记》卷130,第3319页。
[4] 《论语》2:1a(2.1):"为政以德,譬如北辰居其所而众星共之。"《老子》,四部备要本,1.6(第11章):"三十辐共一毂。"

拥有封地，而是为王权服务。这样的定义似乎与世家的名称相矛盾，当然世家中的大多数都是名副其实——也就是说，按时间顺序记载被授予封地的世袭家族历史上的重大事件。但是司马迁对世家的定义给孔子、陈涉这样的人物留下了空间，陈涉（卷48）作为起义领袖，没有封地，但他帮助汉朝皇帝扫清了前一个王朝的障碍。事实上，学者廖平指出，"权力"是进入"本纪"的基本条件，"持久"是进入"世家"的基本条件，廖平的解释，或许会让我们得出这样的结论，我们这里和其他地方翻译的"世家"，其实可以更准确地表述为"经受了时间考验的家族（或学派）"。[5]

在司马迁眼中，孔子为谁做出了巨大的贡献？他在什么地方成为"辅拂股肱之臣"？当然，孔子的主要服务对象不是鲁国，他在鲁国官府任职时间很短。这些问题的答案出现在司马迁的《太史公自序》中，司马迁告诉我们，孔子"为天下制仪法，垂六艺之统纪于后世"。[6]孔子的贡献，跨越了周朝的混乱，深刻地塑造了西汉帝国的世界。孔子为汉朝和之后的所有朝代奠定了政治基础。[7]这是一个大臣能提供的最高服务，所以孔子成为环绕"北

---

[5] 廖平说："揽势之大者，谓之本纪；阅年之久者，谓之世家；势不及本纪之大，年不及世家之久者，谓之列传。"（引自《史记会注考证》卷47，第2页）。对此，朱东润补充说："周汉之间，凡能拱辰共毂，为社稷之臣，效股肱辅弼之任者，则史迁入之世家。"见《史记纪表书世家传说例》，《史记论文选集》，第367页。

[6]《史记》卷130，第3310页。请参阅朱东润在文中对孔子入世家的解释，《史记论文选集》，第367页。

[7] 这种对孔子的政治使命的特殊看法是公羊家的观点。我们不应该忘记，司马迁是董仲舒的学生，董仲舒是汉初的公羊经学大家，司马迁熟悉董仲舒的学说。关于孔子政治使命的阐释，见《孔子与春秋》，《两汉经学今古文平议》，第235—283页。

辰"最引人瞩目的星宿，按照这个逻辑，自然应该进入"世家"。

对司马迁关于《孔子世家》的第二种批评集中在内容上，就更严厉了。清代学者崔述（1740—1816），他对《孔子世家》进行了详细的、非常博学的考证，称这个传记"诬者十七八"，并在其他地方指出："《世家》之谬，不可累举。"[8]司马迁的叙述甚至让顾立雅感到失望，他是英语世界最著名的孔子传记的作者。顾立雅称《孔子世家》为"错误的表现"，并进一步指出：

> 事实上，它包含了一系列来自儒家、道家和法家资料来源的事件。对于这些不同来源的事件，作者既没有进行认真的批判考证，也没有把它们理顺为和谐一致的发展过程，而是以所谓的编年顺序杂凑在一起。结果是，在整篇传记描述中，孔子像木偶一样活动。[9]

顾立雅相当沮丧，他指出这部作品"作为孔子形象的确切的描述，已经流传了二千多年"。他接着补充说，这部作品是"有道家倾向的"司马迁捏造的隐晦的讽刺，他把孔子描绘成一个"油嘴滑舌"而又"狡猾伪善"的儒生。[10]假如顾立雅的观点是正确的，将极大地削弱我在上面提出的理论——即司马迁不但非常钦佩孔子，

---

[8]《考信录》（重印，台北：世界书局，1968）。
[9]《孔子与中国之道》（1940；重印，纽约：哈珀出版社，1960），第245页。
[10] 同上书，第248页。

而且要效仿孔子，想要在圣人神圣序列中占有一席之地。

像崔述、钱穆和沙畹等学者已经充分讨论并记录了司马迁关于孔子记载的错误，我们也就无法再否认《孔子世家》的重重问题和混乱不统一。[11]但关于司马迁坐下来记述孔子一生时所面对的问题的性质、那些塑造了他描述孔子的原则以及这些原则关于司马迁自己有什么揭示，这些学者对这些问题似乎除了概括，也没能说出什么。换句话说，在赞扬顾立雅严厉批判之前，我们不仅应该关注历史问题，也应该关注文学问题。

到了汉初百年的末期，当司马迁试图让孔子的故事连贯起来时，可利用的资料既相互矛盾，又令人困惑。可知的基本来源有四个：（1）《论语》；（2）如《左传》和《国语》这样的史料；（3）战国时期和汉初学者的著作，如《庄子》《荀子》和其他等等；（4）口头传统。《论语》是四个来源中的第一个，它是一组关于孔子及其直系弟子语录、简短对话和行为报告的集合，由孔子的第二代或第三代追随者收集整理完成。司马迁时代的《论语》，无论是在内容上还是在形式上，都与今天的版本相差无几。[12]在司马

---

[11] 崔述《考信录》。钱穆在不同的著作中思考过孔子的人生。最值得注意的是，他的杰作《先秦诸子系年》(第2版，香港：香港大学出版社，1956)，第1—88页。沙畹关于《孔子世家》的翻译让人印象深刻。他写了一个简单的"补注"，在"补注"中他简要地探讨了司马迁在写作孔子传记中面临的艰巨任务。(*Memoires*, vol. 5, pp. 283-445)我不得不说，司马迁著作中关于孔子的正面评价远比上面提到的要多。例如贝冢茂树说，司马迁"全身心地写孔子……可以说，在《史记》130卷中，这一节的效果最为显著"。参见 *Confucius*, trans. by Geoffrey Bowas (London: George Allen & Unwin Ltd., 1956), p. 43。

[12] 汉代的《论语》有三种版本：一种是《古论语》，21篇，据说是汉景帝时在孔府墙壁中发现的；《齐论语》，22篇，大概源自齐国的训诂传统；《鲁论语》，20篇，可能源自鲁国

迁关于孔子的传记中,《论语》在不同的地方被引用了56次,占《论语》全部篇幅的五分之一,它是司马迁最重要的单一来源。正如《论语》的读者所看到的,这部作品中的语言和对话都非常简短,急需历史背景。司马迁通过利用他所掌握的其他书面材料,借助口头传统以及他自己的推测,为《孔子世家》中引用的《论语》段落提供了相应的历史背景。如在《论语》中一个非常关键的段落,孔子简单地说:"苟有用我者,期月而已可也,三年有成。"[13] 司马迁将这条评论放在了一个具体历史情景下:孔子生活在卫国,希望得到卫公的任用,但卫公"老,怠于政"。孔子因为不能从政而沮丧,在上面引用的话中,孔子对他的弟子们说自己的政治建议会如何快速地发挥影响。[14] 事实上,通过为大量章节提供情景语境,司马迁对后世的"经典"阅读产生了深远影响。[15]

《左传》和《国语》是孔子时代两部最重要的历史文献,为司马迁写作孔子传记提供了仅次于《论语》的关键材料。尽管两部文献表面上关系密切,关于这一问题将在后面的章节中讨论,而它们对孔子的描述却不尽相同。在《左传》中,虽然孔子身上略

的训诂传统。与几位中国研究者观点不同,沙畹认为司马迁引用的是《鲁论语》,而不是《古论语》。屈万里认为,《古论语》与《鲁论语》关系密切,它们与《齐论语》不同,《齐论语》中包含了许多《鲁论语》中没有的段落。西汉末年张禹编辑了《论语》文本。张禹以《鲁论语》为底本,收录了《齐论语》中部分"精华"。关于这个问题,可参考何晏在《论语集解》的序言,第 1a—1b 页。见屈万里《先秦文史资料考辨》(台北:联经出版事业公司,1983),第384页。

[13]《论语》13:3b(13.10)。
[14]《史记》卷47,第1924页。
[15] 伊若白在他关于早期儒家思想研究书中对此有说明,见《儒学中的"天"之创造》(奥尔巴尼:纽约州立大学出版社,1990),第83页。在书中伊若白探讨了引自《论语》(7.23)的一个段落,如果没有《史记》中提供的背景材料,那个段落毫无意义。

带轻微的神话色彩，但是人们仍然认为他是一个能干、聪明、很有人情味的人。在《左传》中，孟僖子预言孔子必将有所建树，这是"英雄的一生"中经常会出现的典型事件。[16] 之后，《左传》记载了，孔子监督昭公墓的重建[17]，参加了齐国和鲁国的夹谷之会[18]，命令攻费[19]，劝阻孔文子攻击他的弟弟大叔疾。[20] 在《左传》中，孔子经常对他那个时代的事件进行评论，如著名的大臣子产之死，晋国势力的衰退[21]，辨认春秋末期出现的独角兽"麟"[22]。

相反，在《国语》中，孔子一直表现出超人的洞察力：发现了一个默默无闻的神童，他对此做了一次关于神秘精神的演讲，并对深奥的历史信息表现出了不可思议的理解。[23] 因此，《国语》提供了第一个明显的证据，孔子被逐渐神秘化，这个过程持续到并贯穿了整个汉代。正如日本学者本田成之所指出的那样，《左

---

[16] 昭公七年，第1295—1296页。

[17] 定公元年，第1527页。

[18] 定公十年，第1578—1579页。

[19] 定公十二年，第1586—1587页。

[20] 哀公十一年，第1665页。

[21] 昭公二十年，第1422页；昭公二十九年，第1504页。

[22] 哀公十四年，第1682页。

[23]《国语》中有四段是关于孔子的，还有几段是孔子对时事的评论。关于孔子的四段材料，司马迁用了三段：《国语》，四部备要本，卷5，第7a—7b页（《史记》卷47，第1912页），"季桓子穿井，获如土缶，其中有羊焉"，引发了孔子关于各种怪物名字的评论；《国语》，卷5，第10b—11b页（《史记》卷47，第1912—1913页），孔子认出了一根神仙的大骨头，这是大禹埋在会稽山中的；《国语》，卷5，第11b—12a页（《史记》卷47，第1922页），孔子认为一只死鸟身上的箭来自遥远的部落肃慎。在这些故事中，孔子并未以《论语》中所描述的理性主义者形象出现，他在《论语》中也提到了《国语》中出现的这些情节，如"怪"（卷5，第7a—7b页）和"神"（卷5，第10b—11b页）。《国语》中另一段关于孔子的情节是，季康子派孔子弟子冉有给孔子一块封地（卷5，第12b—13b页）。虽然《史记》中提到了季康子让冉有给孔子传话，但没有提到封地这个细节。（见《史记》卷47，第1934页）

传》和《国语》可能代表了在早期弟子中已经存在两种对孔子的不同看法。[24]

诸子的作品为司马迁提供了第三个关于孔子故事的来源。这些文本产生于战国末年激烈的学术竞争和论辩，在这个时代，孔子已经成为一种被认同的强有力的声音，或者是被嘲笑的挑衅目标。道家的文献《庄子》提供了一个很好的例子，在这个例子中孔子以极端的方式出现在诸子的作品中。在这篇著名的道家文献中，孔子作为道家价值观的代言人，与作为最极端的和经常被嘲笑的对象交替出现。例如，在第四章的开始，孔子被描述成道家的典型，他阐述了庄子行为的准则，而他的得意弟子颜回（公元前521年？—公元前490年？）则阐释了标准的儒家立场。[25]在其他地方，角色又被颠倒——颜回是有洞察力的道家学者，而孔子是迟钝的学生。[26]司马迁对使用诸子的文本材料普遍持谨慎态度，但在他对孔子的描述中，有几个情节明显来自诸子。[27]

口头传统为司马迁提供了有关孔子的第四种资料来源。已不能准确地断定哪些内容司马迁完全依赖口头传统，哪些是来自现

---

[24] 本田成之著、江侠庵译《经学史论》（1934；重印，台北，1986），第60—70页。

[25]《庄子》2:4:4a-5b.

[26]《庄子》第六章，3:6:14a-14b。在第十四章中，有几段关于孔子与老聃讨论的叙述，前者被迷惑，后者被描绘成一个智慧的典范，他自由地攻击儒家学说，如仁义、礼、六艺，等等。

[27] 例如，晏婴在齐景公面前攻击孔子（《史记》卷47，第1911页）来自《晏子春秋》（四部备要本，7:8:12a-12b）或《墨子》（四部备要本，9:39:14b-15a），诛少正卯（《史记》卷47，第1917页）可能出自《荀子》（20:1b[第28章]）。

在已经失传的文本。然而，在周末和汉初文献中发现的孔子传说，彰显了口头传播中经常出现的变异类型。例如，司马迁讲了这样一个故事，在孔子游历陈国期间，他听说鲁国宗庙发生了火灾。孔子故作神秘地宣布，火灾无疑发生在桓公和僖公的宗庙。[28]关于这件事的记载出现在《说苑》中，这是一部由刘向（公元前77年—前6年）编辑的汉代文献，孔子坐在齐景公身边，听说周天子宗庙有火灾。他立刻断言，火灾发生在周釐王的宗庙。[29]在两个版本中，孔子的言论都被证明是准确的，因此他也被证明拥有神秘的灵敏。这种变异的第二个例子出现在司马迁记载中，当时老子送别孔子，并以这样一句话作为他最后建议的开场白："吾闻富贵者送人以财，仁人者送人以言。"在《荀子》中，著名的宰相晏子在齐国边境见到孔子的弟子曾子，也有同样的评论。[30]在这两种情况下，版本的差异都不是意识形态上的，就像我们可能对嵌入争论的哲学文本中的变异所期望的那样，而只是细节和归属的变化，这正是口头传播中经常会出现的那种差异。

我们可以通过《孔子家语》很好地了解司马迁所掌握的材料的复杂性，《孔子家语》经过了清代文献学和校雠大家孙星衍（1753—1818）的编辑整理。这部书十七章，三百三十个蝴蝶页，整理收集了中国早期文献中除《论语》之外所有与孔子相关的短

---

[28]《史记》卷47，第1927页。
[29]《说苑》，四部备要本，卷13，第2a—2b页。
[30]《史记》卷47，第1909页。《荀子》19:27:11a。

文。孙星衍收集的材料中的大部分资料都是晚于司马迁的作品（如《说苑》《论衡》等），但至少有一半来自比《史记》更早的文本，是司马迁可以看到的。司马迁的困难之处在于，要从这些母本以及其他可能在孙星衍编撰之前的漫长岁月中丢失的材料中，筛选并加以解释。无论如何，对所收集的《孔子家语》进行总体研究就会发现，有关孔子的大量文本材料中充斥着相互矛盾的信息，反映出各种各样的哲学偏见。

如前所述，司马迁试图让他的孔子传记事实更加连贯，如果这确实是他的目的，那他就没有完全成功，后来的一些学者已经把现有的材料整理成更可信的模式。然而，在学术文献中很少讨论却十分关键的是，司马迁笔下浮现出的孔子的整体形象。孔子究竟是谁？司马迁在《孔子世家》中选择和安排情节的核心原则是什么？这些问题不仅是理解孔子的关键，对我们在这里理解司马迁的研究更为重要。

司马迁说，父亲希望他成为孔子二世的忠告铭刻于心，让他得以忍辱偷生多年，考虑到他在"世家"部分给孔子突出的位置，我不能接受顾立雅教授的观点，他认为司马迁笔下的孔子是一个被含蓄地讽刺的对象。相反，我认为司马迁把孔子塑造成了一个英雄，并发自内心地宣称孔子是"至圣"。[31] 司马迁在记叙孔子时有年代错误，他过于信任那些支离破碎的史料，而这些史料模糊甚

---

[31] 华兹生也对顾立雅的观点提出异议（《司马迁》，第167—168页）。

至歪曲了孔子的形象,但这些不应该令我们忽视这样的事实,即司马迁的目标是将孔子树立为坚持和传播古代文化的圣人。为了验证这种说法并展示司马迁关于孔子叙事的文学连贯性,我们有必要详细分析《孔子世家》,我必须再次强调,这些将影响后面我们关于圣人的讨论。

司马迁笔下的孔子,虽然没有如汉代晚期那些可疑文献中的孔子那样神奇、神圣[32],但是也具备了与许多世界文学中英雄人物相似的特质:他的出生并非正常结合的结果;他拥有不寻常的体貌特征——他的头顶凹陷,头两侧上升,形成一个自然的王冠状;他的父亲在自己出生不久后就去世了;他幼年时期的行为已经预示他生而不凡;有一个"预言",昭示他未来会成为圣人。[33]此外,司马迁对孔子生平的描述,总体上遵循神话英雄流放、回归的模式,可以被概括为四个基本主题:(1)年少就有佳绩,(2)离开故土,(3)游走和徘徊,(4)回归。

---

[32] 关于汉代伪经中对孔子形象的刻画,可参考杰克·杜尔《汉代谶纬历史导论》,博士论文,华盛顿大学,1966,第516—526页。

[33] 这里提到的非正常结合,是一个如何解释的问题。司马迁说,"纥与颜氏女野合而生孔子"。野合,最直接的印象就是"荒野交媾",这个解释被大多数注释者所接受,他们认为野合就是"非正常结合",认为孔子父亲与母亲的年龄有巨大的差距,这个年龄差距不符合礼的要求(《史记》卷47,第1906页中的注释)。崔适(1852—1924)认为这段文字很可能是指孔子父母在田野里的祭坛上祈祷能有个儿子时发生的一次神秘的怀孕。后面"祷于尼丘"一行,应该在"野合"这行之前(《史记探源》[北京:中华书局,1986],第146页)。无论这对夫妻是在"荒野交媾",还是孔子的母亲在尼丘的祭坛上奇迹般怀孕,或者这段关系有什么不正当之处,比如年龄相差过大,这种结合在某种程度上确实是不自然的。孔子从小知道礼器(见《史记》卷47,第1906页)。司马迁对孔子关于未来的预言,引自《左传》昭公七年,第1295页。

就在他对孔子的叙述开始之时,司马迁就指向了上述四个主题,强调了他将描述的孔子一生的核心事件:"由是为司空。已而去鲁,斥乎齐,逐乎宋、卫,困于陈蔡之间,于是反鲁。"[34] 由于这段文字中提到的一些事件直到后面的叙述中才被充分展开,以至于一些评论者认为这段文字是错简。[35] 然而,我在上面所列的四个基本主题中每一个都反映在这段摘要中,并提供了一种框架,司马迁在此基础上暂停了他的其余叙述。任职、离开、游走和回归,是司马迁关于孔子生平介绍的基本要素,并将按下面的顺序加以研讨。

根据古老的史料,司马迁将孔子在鲁国的政治服务作为典范。[36] 鲁定公(公元前508年—前495年在位)任命孔子为中都的长官,"一年,四方皆则之"[37]。因此,他被任命为司空,又由司空升任大司寇。司马迁列出了一些孔子担任这些职务之后的佳绩:肉的价格没有上涨,男女分路而行,没有盗贼,等等。但是,按照司马迁的记载,孔子对鲁国最值得大书特书的贡献是夹谷之会上的表现。公元前500年,鲁国国君和齐国国君在此处相会,议定条约。这一特殊事件不仅彰显了孔子在政治方面的巨大

---

[34]《史记》卷47,第1909页。这一段是"重衍于此也",《史记会注考证》卷47,第13页。我和王叔岷一样,认为这段话是对"后续事件的一般性讨论"(《史记斠证》第6册,第1730页)。

[35] 崔适《史记探源》,第152页。

[36]《史记》卷47,第1916—1917页。出自《荀子》4:8:2a-b;《吕氏春秋》,四部备要本,16:10a。

[37]《史记》卷47,第1915页。

实力,也突出了司马迁为了强化或提升某个主题,重叙早期权威资料《左传》的这一方式。

《左传》记载,公元前500年,鲁定公与齐国的国君在一个名叫夹谷的地方会见,夹谷位于现在的山东省。孔子作为鲁国国君的助手(或许是"相")参加了会议,并提出了关键性的建议,让鲁国在会议中占据优势。[38] 首先,孔子用他掌握的正确的礼的知识让齐国蒙羞,令其放弃了用外族士兵恐吓鲁国代表团的企图。第二,他巧妙地在结盟誓约中增加了一条规定,要求齐国归还之前夺取的鲁国土地。第三,他拒绝了齐国的宴会和娱乐,再次强调这不合乎礼乐。简而言之,《左传》中的这个故事将孔子描绘成一个英雄,在和齐国进行的充满危机的谈判中,他运用礼乐知识帮助了国君。[39]

《孔子世家》关于此事的描述,不仅比《左传》更丰富,正如我们即将在下面《孔子世家》中会看到的,司马迁对这一特殊历

---

[38] "相"究竟是一个什么职位,一直存在争议,它可以被理解为"丞相"或仅仅是"协助"。这个词在《史记》中反复出现,崔述认为,"且《传》所谓'相'者,谓相礼也,非相国也……此盖《史记》误以相为相国之相"(《考信录》卷2,第22页)。但是杨伯峻怀疑"相"的本意就是"丞相",他援引全祖望的观点:"谓夹谷之相,正孔丘为卿之证。春秋时,所重莫如相,凡相其君而行者,非卿不出。鲁十二公之中,自僖而下,其相君者皆三家,皆卿也。鲁之卿,非公族不得任。而是时以阳虎诸人之乱,孔丘遂由庶姓俨然得充其使,是破格而用之者也。"(杨伯峻,《春秋左传注》,第1577页)可以肯定的是,司马迁把孔子曾担任丞相作为他一生中的一个重要事件,他在《孔子世家》记述此事,在其他地方也有提及。如《吴太伯世家》:"(吴王阖庐)十五年,孔子相鲁。"(《史记》卷31,第15a页);《楚世家》:"(楚昭王)十六年,孔子相鲁。"(《史记》卷40,第20b页)更多例子见王叔岷《史记斠证》,第6册,第1742页。

[39]《左传》定公十年,第1577—1579页。

史史料的改变似乎有点不寻常，而且以一种明显改编的方式叙述了这一事件。一般来说，司马迁的版本远远超过了《左传》，他强调和颂扬了孔子在夹谷之会中的关键作用。首先，齐景公预测孔子参加会议将对齐国构成严重威胁。结果是，孔子建议国君做好必要的军事准备，以确保他们参会代表团的安全，他警告说："有文事者必有武备。"其次，在司马迁的版本中，齐国国君显然希望利用音乐的喧嚣和混乱来俘虏或威胁鲁定公，这个计划在这一情节的其他版本叙述中更加明确。[40] 面对这种巨大的危险，孔子用戏剧性地行动挽救了鲁定公的生命。最后，在司马迁关于此事的叙述中，齐国著名的丞相晏子出现在现场。假如这个会议真正举行过，晏子根本没可能参加夹谷会议，[41] 但是让他参加会议，并且让孔子在会议上胜过齐国的老丞相，司马迁不仅增加了孔子成就的意义，而且也能让他向宿敌复仇。[42]

正如《史记》所述，孔子在夹谷会议上的高明策略，在齐国归还鲁国被占土地问题上取得重大的政治胜利，《左传》对此有暗

---

[40]《穀梁传》："齐人鼓噪而起，欲以执鲁君。"（四部备要本，定公十年，19:7a）泷川称："太史公夸大而失真。"（《史记会注考证》卷47，第28页）

[41] 晏子卒年约为公元前500年，见钱穆《先秦诸子系年》，第10—11页。

[42] 在司马迁的叙述中，晏子嫉妒孔子，听说齐国国君想任用孔子，就诋毁他。晏子认为孔子傲慢滑稽，"累世不能殚其学，当年不能究其礼"（《史记》卷47，第1911页）。这段话也见《晏子春秋》第八章和《墨子》第三十九章。我认同沙畹的观点，他认为《晏子春秋》中的记载是这两种记载中时间较早的一个。（vol. V, p. 306）。司马迁明显借鉴了这些早期资料，并对它们进行了大的修改。崔述对司马迁《史记》中出现如此错误的情节大力抨击——他认为这段情节完全歪曲了晏子，显然是战国时期的产物："而其文浅陋，亦似战国秦汉，绝不类《左传》《孟子》所述者。"（见《考信录》卷1，第32页）

示,但《史记》对此则有明确描述。而且,孔子的行动让齐景公这个鲁国的强敌蒙羞,说明了孔子道义的力量。

司马迁关于孔子生平最具争议的地方出现在下面要讨论的情节中。就在齐国代表团离开夹谷会议之前,司马迁写道:

> 齐有司趋而进曰:"请奏宫中之乐。"景公曰:"诺。"优倡侏儒为戏而前。孔子趋而进,历阶而登,不尽一等,曰:"匹夫而营惑诸侯者罪当诛!请命有司!"有司加法焉,手足异处(据说是腰斩)。[43]

对音乐表演者施以残酷刑罚的情节,在《左传》中根本没有出现,却出现在《穀梁传》[44]中,这是司马迁笔下孔子两次下令处决中的一次。那些想要一个温和的孔子的学者们认为两次处决是无稽之谈。[45]然而,司马迁把孔子描述成一个严厉的领导人,或许是准备让读者知道孔子最重要的贡献,是完成了一部历史作品——《春秋》,它的影响一点也不温和,"使乱臣……惧"。[46]

司马迁如此强调孔子的政治技巧和权力,令读者不禁好奇,孔子在夹谷之会中表现出的政治能力,让齐国自愿归还了侵占鲁

---

[43]《史记》卷47,第1915页。
[44]《穀梁传》:"首足异门而出",这表明他们是被斩首,而不是腰斩。(定公十年,19:7a-7b)
[45] 如崔述《考信录》卷2,第33页。王叔岷相信,齐侯的行为的确是对鲁国的侮辱,"然斩之则似太过耳"(《史记斠证》,第6册,第1744页)。
[46]《孟子》,四部备要本,卷6,13a(3B.9)。

国的土地，为什么却无法晋升到更高的政治地位。身处竞争最为激烈的选人用人时期，孔子怎么可能不成为最炙手可热的人选呢？答案就在《孔子世家》第二个最大的主题中：因为一再受到不公平地诽谤，孔子被迫离开了鲁国，被剥夺了在其他国家服务的机会。事实上，中国学者陈仁锡已经洞察到这一点，提出《孔子世家》"以'不用'二字为关键"。[47]孔子尽管在鲁国服务期间表现出了非凡的才能，但未被重用。虽然他作为一名政治官员的才能经常被认可，但是嫉妒和误解一再阻挠了圣人晋升的脚步。

有了上述出彩的政绩之后，孔子最初离开鲁国，完全是因为一个阴谋："齐人闻（孔子在鲁国的成就）而惧。曰：'孔子为政必霸。'"齐景公选了八十位漂亮的舞女作为礼物送到鲁国，以此转移鲁定公治理国家的注意力。由于厌恶鲁定公沉迷这些"礼物"，轻易地从国家事务中分心，孔子离开了鲁国。[48]另一个场合，著名的齐景公想给孔子一块封地，但是"齐大夫欲害孔子"。齐景公以前听晏子诽谤过孔子，受大夫们的影响，就说："吾老矣，弗能用也。"[49]在这个特定事件中，就像其他事件一样，封建领主们担心，一旦孔子在一个国家得到重用，都会对其他国家构

---

[47]《史记会注考证》卷47，第2页。
[48]《史记》卷47，第1918页。德效骞认为这个事件不可能导致孔子的出走，他重建了一个不同的、在某种程度上更可信的场景。他认为真正的原因是孔子迫使大家族拆除城墙，其中蕴含的政治含义，在汉武帝看来也会认为是危险的。因此，司马迁刻意掩盖了真实的故事。见德效骞《孔子的政治生涯》，《通报》66（1946），第273—282页。
[49]《史记》卷47，第1911页。

成严重威胁。后来，孔子在卫国被诽谤[50]，再次在他的家乡鲁国被封杀[51]，随后又被楚国拒绝。在最后的案例中，和在鲁国早期的经历一样，阴谋家拒绝孔子的理由是，他担心孔子这么有才，假如他有封地，他就有机会"成为王"。[52]

司马迁反复描写孔子被拒绝，隐含着某种愤世嫉俗的情绪。没有人比孔子更值得被重视和任用，但他却一直没被重用。司马迁在暗示，天才并不能一帆风顺，只会被嫉妒和拒绝。司马迁写孔子时或许是在安慰自己，他对过去那些伟大人物遭受诽谤的描述，对历代那些郁郁不得志的中国文人是一种慰藉，他们自视清高，却得不到重用。

由于不断地被推诿和拒绝，司马迁笔下的孔子深感沮丧，他说："莫能己用。"当他最喜欢的学生去世，他哭喊道："天丧予！"[53]一次，一位隐士形容孔子"累累若丧家之狗"，对孔子的这种描述，至少在司马迁看来，是善意的幽默。[54]孔子的野心加

---

[50] "或谮孔子于卫灵公。灵公使公孙余假一出一入。孔子恐获罪焉。"(《史记》卷47，第1919页）

[51] "秋，季桓子病，辇而见鲁城，喟然叹曰：'昔此国几兴矣，以吾获罪于孔子，故不兴也。'顾谓其嗣康子曰：'我即死，若必相鲁；相鲁，必召仲尼。'后数日，桓子卒，康子代立。已葬，欲召仲尼。公之鱼曰：'昔吾先君用之不终，终为诸侯笑。今又用之，不能终，是再为诸侯笑。'"(《史记》卷47，第1927页）

[52] 孔子厄于陈蔡这段记述，见《史记》卷47，第1932页。

[53]《史记》卷47，第1942页。

[54] "子贡以实告孔子。孔子欣然笑曰：'形状，末也。而谓似丧家之狗，然哉！然哉！'"(《史记》卷47，第1921—1922页）。在《韩诗外传》中，孔子对这种描述并无兴趣，否认其精确性。见《韩诗外传》，9，海陶玮译《韩诗外传》，哈佛燕京学社丛书，卷11（剑桥：哈佛大学出版社，1952），第306—308页。

剧了自己的失落,因此在被诽谤之后曾说:"苟有用我者……三年有成。"[55]事实上,如果说司马迁笔下的孔子有什么缺点的话,那就是他野心太大。至少有三次,孔子表现出了强烈的从政欲望,却被周围的人"劝阻"了。[56]

在司马迁对孔子的叙述中,孔子的野心成为最著名的言语攻击的重点,其中一次攻击来自当时最有名的哲学家老子:

> 孔子……适周问礼,盖见老子云。[57]辞去,而老子送之曰:"吾闻富贵者送人以财,仁人者送人以言。吾不能富贵,窃仁人之号,送子以言,曰:'聪明深察而近于死者,好议人者也。博辩广大危其身者,发人之恶者也。'"[58]

这仅是《史记》两次描述老子和孔子著名会见中的一次。第二次出现在《老子韩非列传》(卷63),而且它对孔子的态度要比上面引文表现得严厉得多。在第二条叙述中,年老的老子告

---

[55]《史记》卷47,第1924页。司马迁引自《论语》卷13:3b(13.10)。

[56] 第一次发生在孔子母亲去世后不久,在服丧期间,他想接受季氏邀请参加宴会(《史记》卷47,第1907页)。在公元前501年,公山不狃反叛季氏,邀孔子相助,孔子心动,但被子路劝阻(《史记》卷47,第1914页;《论语》17:2b-3a [17.5])。几年后佛肸在赵国反叛,邀请孔子参见。孔子再次动心,准备前往,又被子路劝阻(《史记》卷47,第1924页;《论语》27:3b-4a [17.7])。

[57] 这句话的语法结构表明司马迁在传递不明确的信息(《史记会注考证》,卷47,第14页)。我曾讨论过这个问题,见 "Takikawa Kametaro's Comments on Chapter 47 of *Shih Chi*",《第二届中国域外汉籍国际学术会议论文集》(台北:联合报文化基金会国家文献馆,1989),第995—1007页。

[58]《史记》卷47,第1909页。

诫新贵孔子:"去子之骄气与多欲,态色与淫志,是皆无益于子之身。"[59]

司马迁在作品中提到的这一情节饱受非议,但是在汉代,这个明显来自儒家的对立面道家的故事广为流传。[60]事实上,儒家经典《礼记》中有四则老子与孔子关于礼的讨论,后来的《孔子家语》完全站在儒家的立场上,扩展了老子与孔子的讨论。[61]关于老子的训诫,即使最激进的版本,在《史记》其他地方也能找到呼应,在那些场景中,其他的声音被从充满使命和不断自我完善的一生中召唤出来,走向另一条更安静的道路。[62]这样的声音甚至出现在儒家最重要的经典《论语》中,经常被认为是儒家反对者干预的证据。[63]然而,隐士思想在很早的时候就扎根于中国文化中,被作为逃避危险的社会和政治生活的替代品。当然,对

---

[59]《史记》卷63,第2140页。

[60] 崔述批评尤其严厉:"此盖庄、列之徒因相传有孔子与聃有问礼之事,遂从而增益附会之,以绌孔子而张大其说。世家不察而误采之,缪矣。"(《考信录》卷1,第21页)卢舜治对这一段进行了解释,揭示了一些儒家学者花费了多少努力来解释老子的故事。他注意到老子不信礼,周礼尽在鲁也,孔子何必远求于聃矣?他认为孔子的真实意图是,让老聃接受礼。(《史记评林》卷47,第3页)

[61]《礼记郑疏》,四部备要本,6:7:6a and 12a-13b;《孔子家语》,四部备要本,3:11:1a-2b。

[62] 这种类型故事扩展最多出现在《日者列传》(卷127)。这段叙述全篇都是司马季主对宋忠和贾谊的抨击。司马季主认为,"故君子处卑隐以辟众,自匿以辟伦"(《史记》卷127,第3215—3220页)。《日者列传》翻译,见华兹生《史记》卷2,第468—475页。

[63]《论语》中有两个例子,28:2a-3b(18.5, 18.6)。第一个是孔子遇楚国隐士接舆,第二个是与子路谈话的两个农夫长沮和桀溺。崔述认为这些话"不似出于孔氏门人之手也"(《考信录》卷3,第14页)。这两个例子都出现在司马迁的《孔子世家》(《史记》卷47,第1933页;卷47,第1929页)。

那些追求成圣的儒家来说，这种声音一定是偶尔发出的呼吁。对司马迁来说，它们回应了父亲的观点，他父亲写文章批评儒家"劳"。但是《孔子世家》中的多元化声音并没有使它成为反对儒家或"暗讽"的证据，正如《论语》中的多元化声音也没有使它成为一本反儒家的书。对中国古代文本而言，要求它们完全一致或统一的想法似乎有点幼稚。[64]

尽管如此，正如我在上面暗示的那样，老子故事中的言论和关于野心问题的概述，反映了司马谈的道家折中思想和他传递给儿子的巨大野心之间的冲突。在某种程度上，老子的声音似乎是在对爱管闲事的司马迁说话，后者以诚实和彻底的儒家方式为李陵辩护，结果"毁身"。在更深的层面上，老子或许正在对着一个人说话，这个人在撰写一部历史的艰难任务中定义了自己，只有在完成这项任务时才能得到个人的救赎。由于成为孔子二世的巨大野心，司马迁的一生，多数时候蒙受羞辱，劳碌而终。老子的话是说给孔子一世，但也一定经常回响在备感辛劳和羞辱的司马迁耳边。

无论他的野心如何强烈，司马迁笔下的孔子的从政之路一路受挫。孔子那个时代最强的声音，老子和晏子因为他的不放弃而

---

[64] 罗兰·巴特是现代批评家中唯一一位要求我们抛弃"单一声音"观念的："我们现在知道，文本不是一行文字，释放一个单一的'神学'意义（一个作者—上帝的'信息'），而是一个多维空间，在其中各种各样的作品，没有原创、混合和冲突。这篇文本是从无数文化中心引述出来的。"《意象、音乐、文本》（纽约：希尔和王出版社，1977），第146页。在中国传统文化中，一个人的性格往往是在阅读的过程中形成的，这种文章合集更引人注目。这位中国学者如饥似渴地消化着过去，他自己的散文几乎就是一个空间，在这个空间里，无数的、常常相互冲突的过去的声音"交融和碰撞"。

攻击他，都没能把他拉回平静的沉思世界。孔子没有放弃野心，他成了一个"流浪汉"，无休止地寻找能够赏识他的君主。游荡和磨难是本卷的第三个主题，与上面讨论的第二个主题紧密相关。当然，被拒绝是一种磨难，一种对决心的考验，但是圣人必须经历比它更危险的考验。或许是最严重的一次考验，即著名的"厄于陈蔡"，占据了司马迁关于孔子叙述的核心位置。关于这件事的相关记载，也出现在如《论语》《墨子》《荀子》《庄子》和《吕氏春秋》等文献中。[65]根据与其他文献记载存在很大差异的司马迁的记载，当孔子来到陈国和蔡国[66]，他收到了来自楚国的邀请。正当他准备动身时：

> 陈蔡大夫谋曰："孔子贤者，所刺讥皆中诸侯之疾。今者久留陈蔡之间，诸大夫所设行皆非仲尼之意。今楚，大国也，来聘孔子。孔子用于楚，则陈蔡用事大夫危矣。"

陈与蔡联合派兵在郊野包围了孔子和他的弟子，阻止他们去楚国。孔子团队的供给减少了，孔子的弟子生病了，但"孔子讲诵弦歌不衰"。遭受如此打击，弟子们开始抱怨孔子。司马迁连续记叙了

---

[65]《论语》中经常被人引用的文句都非常简洁："在陈绝粮，从者病，莫能兴。子路愠见曰：'君子亦有穷乎？'子曰：'君子固穷，小人穷斯滥矣。'"（《论语》15：1b［15.2］）《孟子》补充说："君子之厄于陈蔡之间，无上下之交也。"（《孟子》14：5b［7b：18］）见《墨子》卷9，第15b—16a页（第39章）；《荀子》卷20，第4b页（第28章）；《庄子》卷7，第11a页（第20章），卷9，第15a页（第28章）；《吕氏春秋》卷14，第15b页。

[66] 位于今安徽省亳州西南，见钱穆《史记地名考》，第367页。

孔子同三个最重要弟子的谈话：

> 孔子……乃召子路而问曰："《诗》云'匪兕匪虎，率彼旷野'。吾道非邪？吾何为于此？"[67]
>
> 子路曰："意者吾未仁邪？人之不我信也。意者吾未知邪？人之不我行也。"
>
> 孔子曰："有是乎！由，譬使仁者而必信，安有伯夷、叔齐？使知者而必行，安有王子比干？"[68]
>
> 子路出，子贡入见。孔子曰："赐，《诗》云'匪兕匪虎，率彼旷野'。吾道非邪？吾何为于此？"子贡曰："夫子之道至大也，故天下莫能容夫子。夫子盖少贬焉？"
>
> 孔子曰："赐，良农能稼而不能为穑，良工能巧而不能为顺。君子能修其道，纲而纪之，统而理之，而不能为容。今尔不修尔道而求为容。赐，而志不远矣。"子贡出。
>
> 颜回入见。孔子曰："回，《诗》云'匪兕匪虎，率彼旷野'。吾道非邪？吾何为于此？"颜回曰："夫子之道至大，故天下莫能容。虽然，夫子推而行之，不容何病，不容然后见君子！夫道之不修也，是吾丑也。夫道既已大修而不用，是有国者之丑也。不容何病，不容然后见君子！"[69]

---

[67] 引文见《毛诗·何草不黄》。见《毛诗郑笺》，四部备要本，卷15，第13b页。

[68] 这就是上一章讨论的伯夷和叔齐。王子比干是商纣王的叔父。司马迁叙述他的故事如下："纣愈淫乱不止。微子数谏不听，乃与大师、少师谋，遂去。比干曰：'为人臣者，不得不以死争。'乃强谏纣。纣怒曰：'吾闻圣人心有七窍。'剖比干，观其心。"（《史记》卷3，第108页）

[69] 我的解读参考了王叔岷《史记斠证》，第6册，第1768页。

> 孔子欣然而笑曰:"有是哉颜氏之子! 使尔多财,吾为尔宰。"
> 于是使子贡至楚。楚昭王兴师迎孔子,然后得免。[70]

上面大段引用的叙述,与其他文献中关于孔子厄于陈蔡的记载的差异表现在两个方面。第一,孔子的困难是由陈、蔡的恐惧导致的,它们担心孔子的政治才能会帮助楚国。司马迁关于磨难的主题与诽谤、嫉妒的主题被融为一体。第二,司马迁关于孔子与三位弟子对话的叙述,开启了对磨难与挫折的反应的探索。

在《孟子》对这一著名事件的记述中,孔子厄于陈蔡,是"上下无所交接故也"。[71] 其他记载没有对孔子处于困境的原因进行说明,也没有提到严重的政治难题和军队。崔述认为,这一事件一定有一些基本的事实依据,他相当令人信服地指出,无论实际发生了什么,都不可能涉及司马迁所描述的政治困境。崔述总结说,这一事件的戏剧性要比司马迁描述的小得多,而且可能仅仅涉及一个地区物质供应的自然枯竭,以及这个地方道路较差的交通条件。[72] 当然,司马迁的版本使磨难更加明显 —— 它涉及高层恐惧、三个封建国家的政治阴谋以及置孔子于险境。

厄于陈蔡并不是司马迁笔下的孔子唯一一次身处险境。在其他地方的叙述中,宋国的大夫桓魋试图通过砍伐一棵树杀死孔

---

[70]《史记》卷 47,第 1930—1932 页。
[71]《孟子》14:5b(7b:18);见刘殿爵译《孟子》,第 293 页。
[72]《考信录》卷 3,第 16—18 页。

子。[73]就在这次事件的几年前,孔子曾被拘捕并关押了五天,就因为他被误认为臭名昭著的叛逆者阳虎。[74]还有一次,当孔子滞留在蒲,一个在《史记》其他地方没有出现过的神秘人物公良孺,用自己的军事技能救了孔子。[75]无论孔子的生活如何充满戏剧性和危险,很明显,作为戏剧鉴赏家的司马迁总能极大地增强这些事件的戏剧性。

孔子厄于陈蔡时同三个弟子的对话,每一次都是用相同的形式,提供了一个面对反复的挫折和逆境的可能的反应模式。子路提出的第一种可能是,孔子自己没有具备他所宣扬的人性和智慧,仍然必须努力。如果孔子真的具备这些美德,成功之门就会打开。子路认为世界上存在绝对的正义,有德之人一定会成功。子贡阐述了第二种可能性,即儒家学说过于高尚,必须根据现实进行调整。因此,子贡是一个实用的妥协主义者,他会把儒家学说推销给一些不值得尊重的听众。颜回,作为孔子弟子中的典范,提出了第三种可能性,即孔子没有不足之处,教义不应该被削弱。有先见之明的颜回主张继续向前,他相信总有一天人们会把孔子奉为"君子"。孔子十分认可颜回的反应,人们不应该有任何妥协,

---

[73] 司马迁的叙述为《论语》(7.22)提供了背景:"孔子去曹适宋,与弟子习礼大树下。宋司马桓魋欲杀孔子,拔其树。孔子去。弟子曰:'可以速矣。'孔子曰:'天生德于予,桓魋其如予何!'"《史记》卷47,第1921页。

[74]《史记》卷47,第1919页。

[75] "过蒲,会公叔氏以蒲畔,蒲人止孔子。弟子有公良孺者,以私车五乘从孔子。其为人长贤,有勇力,谓曰:'吾昔从夫子遇难于匡,今又遇难于此,命也已。吾与夫子再罹难,宁斗而死。'斗甚疾。蒲人惧,……出孔子东门。"(《史记》卷47,第1923页)

必须坚持履行责任，期待历史的判断，"不容然后见君子！"司马迁正是在等待这种方式的救赎，因此他在《太史公自序》的结论中说："俟后世圣人君子。"[76]

孔子的磨难和决心的高光时刻还没有到来，司马迁却找到了圣人文学力量的种子，那是一种让他名垂后世的力量。摆脱了陈蔡之厄，孔子回到了他的祖国鲁国。孔子的返回是由一队使者推动的，他们受命带着礼物邀请孔子返回鲁国。孔子接受了邀请并回归，立刻出现了一种充满希望的迹象：鲁哀公（公元前494年—前467年在位）向他问政。到此，读者期待最后的成功、凯旋和"王者归来"。但是这一切并未发生，"然鲁终不能用孔子"。这是最后的拒绝，"不用"这个词最后一次在司马迁叙述中出现，这一次，孔子以一种全新的方式回应被拒绝："孔子亦不求仕。"（强调自我）[77]这位圣人，正如司马迁所创造的一样，离开了眼前的政治世界，开始了他最重要的贡献，以整理六艺的方式总结整个传统。孔子的野心受挫，他将这种挫折编织进儒家古典传统，也就是此后中国文化的翘楚。在司马迁看来，"至圣"的伟大贡献是通过编辑和写作实现的。约瑟夫·坎贝尔解读了为何对神话英雄的要求总是需要他带回"金羊毛"，从而"重新恢复社会的活力"。[78]司马迁笔下的孔子没有这样做——他回到了祖国，以必

---

[76]《史记》卷130，第3320页。
[77]《史记》卷47，第1935页。
[78] 见《千面英雄》（普林斯顿：普林斯顿大学出版社，1968），第19页。

需的智慧完成了一项将塑造整个传统的工作。在这个所有文化中最有学究气的作品里,真正的国王并不是穿着华丽的戎装来继承他的王位,而是在那些默默地刻在竹子上或写在布帛上的文字中得到了王位,在个人挫折的熔炉中获得了权力。

在这种关于拒绝和最终救赎的叙述中,让司马迁与孔子完全剥离是不可能的。司马迁被要求成为另一个孔子,他为我们呈现了一个他希望的孔子的形象。他一次又一次呈现的孔子的人生问题,也是他自己的人生问题,而所有这些问题,归根结底,都指向了文学创作,这是失意学者最终的也是唯一的希望。司马迁笔下的孔子回到鲁国前所做的每一件事,都是接下来的工作的前奏。

司马迁也有他真正的作品,只有当他最终能复制"至圣"的贡献,并把他个人的挫折与他经历的一切编织成一个新的综合体时,他拒绝自杀才是合理的。"厄于陈蔡",司马迁在他自己对孔子人生的总结中连篇累牍地提到这一点,这是所有圣人在文本创作之前必须承受被拒绝和磨难事例的象征。在他对儒家第二位伟大代表人物孟子的简短介绍中,司马迁提到孟子"在齐国、魏国的困境",提醒关注孔子和孟子的相似之处。[79] 我们不应该惊讶,在叙述他自己的游历时,司马迁报告说"戹困鄱、薛、彭城"。[80] 他的磨难和孔子的磨难惊人地相似,使他完全适合在圣人传承序列中成为孔子的继承人。

---

[79]《史记》卷74,第2345页。
[80]《史记》卷130,第3295页。

第三章　司马迁、六艺和《春秋》

孔子成《春秋》，而乱臣贼子惧。

——《孟子》卷 6，第 14a 页

正如我们在上一章中所看到的，司马迁对孔子的描述遵循了流亡、游走、磨难和回归这样的英雄路线，并以文本的编纂与创作为高潮。孔子在一生中的最后几年完成了"文本创作"，成为中国"传统"学者的典型，他总结过去，为未来奠定坚实的基础。在这里，司马迁对我们理解历史的贡献至关重要，他第一次赋予了孔子经典著作一个清晰的历史脉络，我们也据此发现了司马迁自己著作的特殊轮廓。司马迁在建构中国经典观念中的关键地位，必须在文本权威不断增长的过程中和几个世纪以来的"经典化"背景下审视。然而，在转向能让我们更准确地了解司马迁独特历史贡献的简短历史之前，有必要对经典进行简单介绍。

汉初学者谈到经典，经常使用"六艺"一词。在较早的时期，六艺是指周代贵族子弟应该接受的六项教育：礼、乐、射、御、书和数。[1]汉代人围绕儒家经典对"六艺"概念的重组，是一场意义重大的教育改革的高潮，是一次"课程变革"，对中华文明的进程有着深远的影响。这次改革之后，"六艺"不再指"具体的实用技能或行为方式"，而是"书籍文献"。[2]

"六艺"这个术语本身是有问题的。事实上，整个汉初百年间，更常见的是"五经"。它包括：

（1）《尚书》，一组据说来自夏、商、周的历史文献汇编。

（2）《诗经》，一本诗集，最初是歌唱的，大约产生在周朝的前五百年。

（3）《易经》，一个大约由六十四卦组成的占卜文本（六组断线和连线组成的各种可能）和一系列关于卦的占卜和哲学文本的解释。

（4）《礼》，一系列据说保存了周代贵族仪式的文本。[3]

（5）《春秋》，一部对公元前722年到前481年鲁国及其邻国的一些重大事件的编年记载。

没有出现在这个名单中，文本也没有出现在"五经"中，但

---

[1] 关于这个问题，见《周礼郑注》，四部备要本，卷10，第7b页。

[2] 此处文字来自《先秦两汉儒家教育》，第26页。余启定提到了"中国教育经历过三次根本性变革：第一次变革开始于春秋战国，完成于两汉中叶，从西周'六艺'为主要内容的贵族教育转变为以儒家'六经'为主要内容的士人教育"（同上书，第1页）。

[3] 汉代早期的礼的文本与现存的礼的文本之间的确切关系一直是一个有争议的话题。关于此问题，参见徐复观《中国经学史的基础》（台北：学生书局，1982），第161—168页。

包括在"六艺"中的是《乐》。这部文献是否曾经存在都是一个难题。今文经派学者认为不曾有过这样的著作,他们认为音乐的技能已经嵌入到曾经伴随《诗经》一起传播的音乐传统中。古文经派学者认为《乐》曾经存在过,在公元前213年秦始皇臭名昭著的焚书中被摧毁。

到司马迁的时代,这些文本已经成为教育的经典。而且,正如我们即将详细看到的,司马迁声称孔子对这些文本的内容负责,这增强了经典的权威性。按照司马迁的说法,孔子"整理"《礼》《乐》《书》《易》和《诗》,"著"《春秋》。这些文本是如何被与神圣的孔子捆绑在一起并获得权威地位的呢?这些文本又是如何获得了这种权威呢?这种权威不仅引起司马迁的注意,而且引导他进一步强化和塑造了围绕着它们的传统。这里要简单地说一下这个故事,就从《论语》开始,它通常被认为是最准确地反映了儒家早期教义。[4]

《论语》明确指出,诗、礼、乐是孔子的核心关注点。例如孔子有一次说:"兴于诗,立于礼,成于乐。"[5]《论语》虽然提到

---

[4] 儒家经典是中国文明中最重要的组成部分,尚无英文的儒家著作史出现。一些非常有见地的批评,见 John B. Henderson, *Scripture, Canon, and Commentary: A Comparison of Confucian and Western Exegesis* (Princeton: Princeton University Press, 1991), pp. 21-61。关于汉代经典的形成与传播,有一部优秀的著作,见曾祖森《白虎观中的全面讨论》(莱顿:博睿学术出版社,1949),第82—178页。这里介绍的相当粗略的历史,很大程度上依赖于这些中文著作,如徐复观《中国经学史的基础》;周予同《群经概论》(1948;重印,台北,1986);皮锡瑞《经学历史》。

[5]《论语》8a,8b(8.8)。

了"诗三百篇",但它从未像司马迁后来宣称的那样,说孔子编辑或汇编了《诗经》。[6]《论语》中也提到了"书"是权威文本,孔子在《论语》其他地方还曾说,给他一些时间的话,他会去"研究《易》",这段话通常被理解为反映了孔子早期修订《易》的兴趣。[7]如果当时确实有完整的文本而不仅仅只是杂乱的记录的话,在《论语》中的其他地方,都没有任何信息显示孔子曾编辑过这些文本。而且,《论语》中没有提到过《春秋》,司马迁认为《春秋》是孔子对人类最大的贡献。事实上,在《论语》中,把孔子与编辑或创作"经典"联系得最紧密的,是他在"乐"和"诗"方面的工作,这个说法有些模糊:"吾自卫返鲁,然后乐正,雅颂各得其所。"[8]如果孔子确实在后半生专注于编辑草稿和创作权威的编年史,奇怪的是,他的这些努力没有体现在《论语》中,《论语》应该是由孔子本人的第二代或第三代弟子汇编而成。

《左传》是一部或写于公元前四世纪后期的历史,作为《春秋》的评论而流传,提供了充分的证据证明诗、书、礼和乐等内容是周代中期贵族教育的核心,或许已经取代了旧的、尚武的六艺。[9]《左传》中的一段内容描述了公元前634年发生的一件

---

[6] 子曰:"《诗》三百,一言以蔽之,曰'思无邪'。"《论语》2:1a-1b(2.2)。关于《论语》中《诗》的观念发展演变有益的参考,见方泽林《诗与人格》,第52—59页。

[7]《论语》7:4a(7.17)。

[8]《论语》9:5a(9.14)。"雅"和"颂"是《诗经》中两个部分,大概是以两种不同的音乐模式命名的。这句话是指一部文本中的两个特定部分,还是仅仅指碰巧包含在《诗经》中的两种类型的音乐,很难确定。

[9] 关于这个话题,见徐复观《中国经学史的基础》,第3—7页。

事，引用了一位宋国官员的话，他说："《诗》《书》，义之府也；礼、乐，德之则也，德、义，利之本也。"[10]而且，《诗》《书》和《易》，在编撰《左传》时已被视为权威文本，在《左传》中被大量引用。[11]

尽管《左传》被看作《春秋》的评论，但是它没有一处明确指出孔子是《春秋》的作者。[12]《左传》中关于公元前540年的一条记载提到《鲁春秋》，并引用晋国官员的话，"周礼尽在鲁矣"。[13]这条记载似乎是《左传》中关于它经常提及的孔子和《鲁春秋》之间关系的最直接的描述，《鲁春秋》通常被认为是孔子编纂的《春秋》的前身。然而，《左传》在这个问题上没有明言。

随着亚圣孟子的出现，情况发生了很大的变化。事实上，孟子是直接通向司马迁的古典传统诠释链条中第一个重要环节。孟子共引用《诗》34次，提到《书》16次，但他从未提到孔子编过其中任何一部文本。孟子对于儒家经典形成的最重要的贡献是，

---

[10]《左传》僖公二十七年，第445页。把《诗》《书》《礼》《乐》作为一个组合，是一种持续的实践，一直延续到汉代。

[11] 夏含夷注意到了《左传》中的关于《易》的一个有趣的转变。在《左传》最初一百年左右，《易》被作为一部"占卜的手册"。之后，《易》在《左传》中被作为"一部古代智慧文本"引用。夏含夷相信，这一变化大致对应孔子的一生，这并非偶然。见"The Composition of Zhouyi," Ph.D., dissertation, Stanford University, 1983, p. 2。

[12] 关于这个问题，可以参考洪业的相关研究，见《春秋经传引得》序，哈佛燕京学社汉学引得丛刊，特刊第11号（重印，台北：中文资料及研究促进中心，1966）。他认为，《左传》只是把《春秋》看作鲁国古老的编年史，与孔子无关。并不是所有人都同意洪业的观点。杨伯峻试图证明《左传》的作者相信《春秋》是孔子编辑的。然而，我并不认可杨伯峻的观点。杨伯峻关于这个问题的论述，见《春秋左传注》，第22页。

[13]《左传》昭公二年，第1227页。

他第一次把孔子与《春秋》联系在一起,声称《春秋》是孔子给予人类最重要的礼物。孟子阐述了一个宏大的史学理论,《春秋》在其中占据核心地位。根据他的理论,世界在有序和无序之间波动。古代传说中的洪水时期是一个混乱的时代,圣人尧舜禹的主要贡献就是治理了洪水,迎来一个和平的时代。后来,"尧舜既没,圣人之道衰,暴君代作"。这种失序一直持续到圣王周武王,他为中国再次带来秩序与和平。但是,和平的时期很短暂:

> 世衰道微,邪说暴行有作,臣弑其君者有之,子弑其父者有之。孔子惧,作《春秋》。《春秋》,天子之事也。是故孔子曰:"知我者,其惟《春秋》乎;罪我者,其惟《春秋》乎?"[14]

这里,孟子指出孔子的《春秋》只是这类文献中的一种,我们可以从一部哲学文本《墨子》中找到相关参考,《墨子》中曾提到"周、燕、宋和齐"的"春秋"。[15]这些文本似乎是官方行为(例如"天子之事"),孔子被认为是在官方背景之外创作了文本,而且还让它成为自己最高政治教义的宝库。《孟子》不仅建立了"《春秋》是孔子对人类最主要的贡献"这个在汉代十分盛行的

---

[14]《孟子》6:13a(3B:9)。《孟子》的这一节在儒家传统的历史上是最重要的。译文见刘殿爵译《孟子》,第128—133页。

[15] 见《墨子》卷8,第2b、3b、4a和4b页。在周朝,每个封建国家每年都有一份关于当时重大事件的书面记录。

理论，而且他认为，从某种意义上说，孔子是一个"王"，或者至少可以说，他为"王"订立了一个标准。[16] 在对上述圣王谱系的简要叙述中，孟子重申了孔子伟大著作的深刻政治影响：

> 昔者禹抑洪水，而天下平；周公兼夷狄，驱猛兽，而百姓宁；孔子成《春秋》，而乱臣贼子惧。[17]

因此，孔子在完成了《春秋》之后，成为在政治上有影响的圣贤中的一员。孟子指出，世界再次陷入混乱，他那个时代的智者都在等待一个新的孔子，但"圣王不世出"。孟子赋予圣人使命以强烈的政治倾向，使得孟子成为传承谱系中的重要一员，对汉代的思想家特别是司马迁有深远的影响。

尽管孟子关注《春秋》，他对《春秋》的关注在其最终被纳入经典的过程中有极为重要的作用，他也经常提到《诗》《书》，但是亚圣并未使用"经"这个词，也未专门对文本或"艺"进行分组。因此，孟子虽然明显承认某些文本具有权威性，但是未提供任何明显的证据证明当时存在正式的经典。这样的证据只出现在我们链条中的下一个伟大的环节，由儒家的荀子和他的弟子所提供。

如果我们接受司马迁在《儒林列传》(卷121)中所呈现的学

---

[16] 在关于这个问题的一篇重要论文中，钱穆提醒我们，在中国历史上，《春秋》被认为是孔子最伟大的贡献："而且，隋唐以前人之尊孔子，《春秋》尤重于《论语》"，见钱穆《孔子与春秋》，《两汉经学今古文平议》，第235—283页。

[17]《孟子》6:14a（3B:9）。

者的渊源关系，并以其他文本中所发现的各种信息来进行补充，我们就能得出这样的结论，荀子深刻地塑造了整个古典传统。每一部经典，以及汉代人对这些经典的诠释，明显都是由这位杰出人物传播并深受其影响。[18]而且，《荀子》一书首次将《春秋》与《诗》《书》《礼》《乐》放在一起，建立了五经体系。荀子还试图将这些权威文本编成一个连贯的体系，并阐明每部经典的精髓，这种执着一直持续到汉代：

> 《诗》言是，其志也；《书》言是，其事也；《礼》言是，其行也；《乐》言是，其和也；《春秋》言是，其微也。[19]

这里没有提到《易》，似乎《易》在荀子的哲学中并没有扮演重要角色，但它作为一个确定的文本，在荀子的作品中被引用了几次。[20]而且，《易》被《礼记》收入到一组经典文本中。《礼记》是一部关于礼仪的文本，由荀子的学生在汉初最终编辑完成。[21]这里所讨论的《礼记》在经典形成史上有重要意义，并可能反映了荀子早期的教义，因为它也将经典作为一种理想的教育课程：

---

[18] 关于这个问题论述，见皮锡瑞《经学历史》，第55页。

[19] 《荀子》4:7a（第8章）。荀子比前人更强调六艺的教育功能。在这方面，他预见到了汉初的教育活动，即以正典来定义教育。见《荀子》1:4a（第1章）。关于汉代将经典置于一个统一体系的痴迷及其影响，见John B. Henderson, *Scripture, Canon, and Commentary*, pp. 45-50。

[20] 《荀子》3:5b（第5章）和19:5b（第27章）。

[21] 见徐复观《中国经学史的基础》，第48页。

孔子曰："入其国，其教可知也。其为人也：温柔敦厚，《诗》教也；疏通知远，《书》教也；广博易良，《乐》教也；洁静精微，《易》教也；恭俭庄敬，《礼》教也；属辞比事，《春秋》教也。故《诗》之失，愚；《书》之失，诬；《乐》之失，奢；《易》之失，贼；《礼》之失，烦；《春秋》之失，乱。"[22]

尽管《荀子》和《礼记》都重视经典传统，但它们既没有说孔子编辑了任何一部经典，也没说他著《春秋》。当我们考虑到与荀子年代很接近的孟子对孔子与《春秋》之间的关系的重视时，这一点尤其让人惊讶。[23]

关于经典最明确的说法，"五经"和"六艺"可能最早出现在汉初著名的政治家、哲学家陆贾的著作中。根据传统的记载，陆贾是《诗》《书》的倡导者，当汉高祖要求他展示这些经典的实用价值时，陆贾写了一部名为《新语》的书作为回应。[24]在《新语》的第一章，陆贾提出了三个"圣人"时代的理论。三个"圣人"

---

[22]《礼记郑注》卷15，第1a页。

[23]《庄子》中把孔子与所有经典文本联系在一起，并且用"经"来指代这些文本，文章出现在《庄子》第十四章，有人质疑这篇文章可以追溯到西汉时期。这篇文章中有争议的内容如下："孔子谓老聃曰：'丘治《诗》《书》《礼》《乐》《易》《春秋》六经。'"（5:26a-26b）。徐复观指出，这篇文章经常使用"三皇"这个词，这个词最早出现在《史记》。因此，他认为："亦不足为经学史征信之材料。"（《中国经学史的基础》，第42页）

[24] 司马迁为郦生陆贾专门立传（卷97）。他概括这一卷："余读陆生《新语》书十二篇，固当世之辩士。"（《史记》卷97，第13b—14a页）徐复观关于这位汉初思想家的论述，强调了他在经学学术史上的重要地位，也解释了陆贾与《春秋穀梁传》传统有密切关系（见《两汉思想史》，第93页）。他还认为，陆贾关于经典的政治重要性的观念影响了司马迁（第95页）。

时代中的最后一个,"定五经,明六艺……统地,穷事察微"。[25]根据陆贾的观点,这个"后圣""纂修篇章,垂诸来世……以匡衰乱"。尽管这里没有直接出现孔子的名字,很明显,他就是"后圣",在《新语》的其他地方,陆贾认为孔子通过"经"和"艺"匡正混乱。而且,陆贾对经典的命名很明确,他说《春秋》"以仁义贬绝"。[26]

陆贾有一项强有力的政治议程,并利用他对汉高祖的影响力推进了专门的经典收集,以防止社会再次陷入无序与混乱。当然,陆贾清楚地表明,他所宣扬的文本的崇高原则是如此的微妙,以至于要求像他这样的专家也得"预测"。事实上,在整部《新语》中,人们可以看到一种持续的尝试,即试图恢复在最古老和最受尊敬的古代文本中专家的地位——这些学者过去二十年在秦始皇统治下承受了巨大的痛苦。由于他对古代经典和学者的尊重,陆贾为汉初经典奠定了坚实的基础,他延续了孟子的传统,赋予经典特殊的政治色彩。

汉初六艺观念的巨大力量和广泛影响,在青年文学天才贾谊[27](公元前201年—前169年)的作品中也有体现,他不仅认为六艺是一个固定的体系,而且试图把这个组合同其他神圣的"六"联系起来,以便在数字六的基础上形成一个大的和谐:

---

[25] 陆贾《新语》,四部备要本,1:2b。
[26] 同上书,1:3b。
[27] 关于贾谊的生平,见《史记》卷83,第2491—2503页。

> 然而人虽有六行，细微难识，唯先王能审之，凡人弗能自志。是故必待先王之教，乃知所从事。是以先王为天下设教，因人所有，以之为训；道人之情，以之为真。是故内法六法，外体六行，以与《书》《诗》《易》《春秋》《礼》《乐》六者之术以为大义，谓之六艺。[28]

贾谊通过奇特而复杂的哲学将法家、道家的元素与儒学相结合，他继续强调六艺的教育意义，并将经典中所包含的伟大原则归功于先王的智慧。[29]

汉初百年间倾向于规范某些文本和规定基于这些文本的教育传统，集中反映在汉武帝通过设立博士而逐步巩固起来的官办教育模式上，博士根据他们所掌握的专门的经典被严格挑选出来。汉朝的博士制度很可能源自稷下学宫——一个公元前四世纪末在齐国建立的哲学自由辩论的场所。[30] 公元前221年秦始皇统一中国称帝后，他曾巡幸前齐国，第一次见到了稷下学宫的学者，那时候有七十人。之后不久，七十位博士出现在咸阳的宫廷中，这

---

[28]《新书》，四部备要本，8:5b-6a。正如人们所预期的，后来对经典著作的讨论试图与五行联系起来，以巩固"五经"的权威地位。其他人则继续主张"基于六的分类方案"，See Henderson, *Scripture, Canon, and Commentary*, p.49。

[29] 萧公权对贾谊的哲学进行了深入研究，他认为法家对贾谊的影响并不多，孟子对贾谊的影响很大。见《中国政治思想史》，第473—483页。《史记》认为贾谊深受申不害和商君影响，这两位都是法家重要人物。关于汉代早期几位重要人物的思想，余启定的观点值得注意："陆贾、贾谊、晁错等汉初著名的思想家，在政治思想方面受道家或法家的影响，但他们的教育观点却完全是儒家的。"（《先秦两汉儒家教育》，第94页）

[30] 卜德《秦国和秦帝国》，崔瑞德、鲁惟一编《剑桥中国史》卷1《秦汉帝国（公元前221年至公元220年）》（剑桥：剑桥大学出版社，1986），第73页。

表明，整个稷下学宫或者至少是该学官的杰出学者中的核心人物，已经被转移到新都城，他们在那里成为秦国新机构的核心。[31]

《汉书》表明，博士最初是官员，"明于古今，温故知新"。[32]这些早期的博士真正是"博闻广识的大师"，正如汉语"博士"字面蕴含的意义一样，不一定与一部专门的文本主体或专门的学术正统有关联。博士的这种广度一直延续到汉武帝初年。汉武帝重建了关于儒家经典的制度，这个政策可能是由学者型官员董仲舒在汉武帝统治的第一年提交的天人三策中提出的。[33]这一具有深远影响的建议，是在董仲舒著名的天人三策的第三策的最后部分中提出来的，是一次将官方话语限制在儒家准则范围内的非凡尝试：

> 今师异道，人异论，百家殊方，指意不同，是以上亡以持一统；法制数变，下不知所守。臣愚以为诸不在六艺之科孔子之术者，皆绝其道，勿使并进。邪辟之说灭息，然后统纪可一而法度可明，民知所从矣。[34]

年轻的汉武帝注意到了董仲舒的建议：公元前136年，他大幅减少了博士的数量，并开始任命那些专精一部经典的学者为

---

[31] 关于博士制度的研究，见钱穆《两汉博士家法考》。
[32] 见《汉书》卷10，第313页。
[33] 上书的准确时间是一个争议很大的话题。见出则岳《董仲舒的思想体系：来源和对汉代的影响》，博士论文，加州大学，洛杉矶，1974，第49—53页。
[34]《汉书》卷56，第2532页。除了几处小的调整，我的翻译来自卜德译、冯友兰著《中国哲学史》（北平：法文图书馆，1937），卷1，第17页。

官。[35]此后，博士就专精某部经典，并以此授徒。徐复观，一位20世纪汉代思想史研究专家，他就这一变化对博士职位的双重影响做出了非常有见地的总结。第一，博士的学问，以前是广泛和多样化，现在缩小到一种官方职责，负责对个别经典的解释。这些新博士是专家，有能力解释特定的文本，但可能已无力参与广泛的政治讨论。第二，之前整个社会和个人都能自由地评价五经，现在它获得了一个法定的权威地位，只有政府官员可以提供正确的解释。[36]这是中国历史上一个决定性的时刻。经典被正式确定，并被放置于政府控制的教育机构的中心，之后汉代学术史关注的经典解释的各个学派都试图获得官府的认可和资助。[37]

董仲舒对经学史最直接和最重要的贡献是他的政治建议，即教和学只限于六艺，他关于经典的更具概括性的观点值得仔细研究。就像他之前的陆贾，董仲舒认为汉代统治者需要彻底改变"罪恶"的秦制。[38]从汉朝建立近七十多年过去了，尽管有陆贾这

---

[35]《汉书》卷6，卷159页。

[36] 见徐复观《中国经学史的基础》，第76—77页。

[37] 华立克将董仲舒的建议的影响降到了最低，并强调"无论董仲舒死后人们如何重视他的作品，他的上书不可能给他的一生带来巨大的变化"。见《汉代儒家思想与汉代的孔子》，罗伊和钱存训编《古代中国：早期文明的研究》（香港：香港中文大学出版社，1978），第216页。从刘歆、班固开始有了一些相反的观点，并延伸到冯友兰、陈荣捷和鲍格洛，见田则岳的概述，《董仲舒的思想体系》，第1—2页。虽然我不反对最近由程艾蓝提出的论点，即汉朝的"儒学的胜利"是"极其微妙的"（见《汉代儒家研究》[巴黎：法兰西学院，1985]，第22页），我接受传统的观点，董仲舒的上书时间对于儒家经典被确定为国家教育的基础至关重要。

[38] 关于陆贾对汉代思想的整体影响，见徐复观《两汉思想史》，第102页。关于董仲舒，见李威熊《董仲舒与西汉学术》（台北：文史哲出版社，1978），第27—31页。

样的学者的呼吁，但是董仲舒认为必要的转变仍然没有发生，他沮丧地说："失之于当更化而不更化也。"[39]

董仲舒在他给汉武帝的天人三策中提出的政治议题，在他的大部头著作《春秋繁露》中有详尽的说明，这是一个非常重要的文本，至今在西方世界没有译本。[40]简而言之，董仲舒希望把皇权置于有意识的上天的力量之下。董仲舒理性地说，皇帝控制臣民，上天控制皇帝。[41]事实上，一个精心设计的天地关联系统意味着皇帝必须时刻保持警惕，任何不当行为都会导致不祥的预兆和自然灾害。皇帝履行他的天命，通过监督人民的道德教育来避免灾难。他为了完成这项艰巨的任务，必须不断地发现有才能的人。事实上，根据董仲舒对历史的追溯，圣贤统治的首要特征是知人善任。[42]他告诉汉武帝："夫不素养士而欲求贤，譬犹不琢玉而求文采也。"[43]

---

[39] 董仲舒也说："扫除其迹而悉去之"，"遗毒余烈，至今未灭"。(《汉书》卷56，第2504—2505页)

[40] 我获悉，全译工作已在进行。部分的翻译，见 Woo Kang, *Les trois theories politiques des Tch'ouen Ts'ieou: Interpretees par Tong Tchong-chou d'apres les principes de]'ecole de Kongyang* (Paris: Librairie Ernest Leroux, 1932); Otto Franke, *Studien zur Geschichte des Konfuzianischen Dogmas und der Chinesischen Staatsreligion: Das Problem des Tsch'un-tsi'iu und Tung Tschung-shu's Tsch'un-ts'iu fan-Iu* (Hamburg: 1. Friederichsen &. Co., 1920); 冯友兰《中国哲学史》，第7—07页。关于董仲舒政治哲学清晰而简洁的表述，见魏押庠《董仲舒（公元前179—前104年）的政治哲学：一个批判性论述》，博士论文，夏威夷大学，1982。萧公权关于董仲舒的评论也值得关注(《中国政治思想史》，第484—503页)。

[41] "夫万民之从利也，如水之走下，不以教化隄防之，不能止也。"(《汉书》卷56，第2503页) 这段文字出自《孟子》1.9b (1A:6)，但董仲舒不断强调教化对人的改变，这让人想起了荀子。

[42]《汉书》卷56，第2508页。

[43]《汉书》卷56，第2512页。

和所有优秀的儒家一样，董仲舒认为六艺是君子教育的根基。董仲舒在《春秋繁露》中，以《荀子》和《礼记》的形式，阐述了六艺各自独特的转化力理论，正如我们即将看到的，他的叙述在与他同时代的年轻人司马迁的作品中有清晰的回声：

> 君子知在位者之不能以恶服人也，是故简六艺以赡养之。《诗》《书》序其志，《礼》《乐》纯其美，《易》《春秋》明其知。六学皆大，而各有所长。《诗》道志，故长于质；《礼》制节，故长于文；《乐》咏德，故长于风；《书》著功，故长于事；《易》本天地，故长于数；《春秋》正是非，故长于治人。[44]

在董仲舒看来，六艺各自有其应有的功能，而《春秋》在"治人"方面最有用。因此，他以孟子的观点为基础，认为这部作品具有独特的政治含义。正如我们所预料的那样，他也接受了孟子的观点，认为孔子编纂了《春秋》，这是圣人最伟大的成就。董仲舒甚至比孟子更进一步，他认为孔子编纂《春秋》是公元前481年获麟这一天命的应验。[45]

按照董仲舒的说法，《春秋》"正是非"，是万世的准则。[46] 董仲舒一生大部分时间都致力于《春秋》的学术研究，他的结论

---

[44]《春秋繁露》，四部备要本，1:2:8b。
[45]《春秋繁露》，6:16:2b。
[46]《春秋繁露》，1:1:3b。见田则岳对这个"准则"主要原则的简明总结（《董仲舒的思想体系》，第186—194页）。

是，《春秋》是一部神秘的经典，用非常微妙的"褒"和"贬"的系统来评价过去的人物和事件。这个理论源自《春秋》注释的传统，这在《公羊传》中最为突出，司马迁认为董仲舒与《公羊传》有直接关系。司马迁说，在他那个时代，董仲舒是真正懂《春秋》的人，他传播了《公羊传》的传统。[47]

《公羊传》的起源和传播尚不清楚，存在很大的争议。戴宏在《公羊传》的序中称，《公羊传》在汉景帝时期被记录下来，之前一直是口头流传。假如这种说法是成立的，那么董仲舒活跃于汉景帝和汉武帝时期，因为传播《公羊传》而知名，可能参与了文本的实际写作，或者至少与其他参与其中的学者关系密切。[48]

尽管董仲舒在《公羊传》传播过程中有至关重要的作用，而且这个特殊的传统对他的著作有影响，但是董仲舒在《春秋繁露》中的理论至少从三个重要方面超越了《公羊传》：第一，他不仅用一种让人联想到公羊传统的方式解释《春秋》中的文字，而且反复发掘这部神圣文本的语言的隐晦含义；第二，他坚持存在有意识的上天——一个不断影响人类事务、可以在人类历史中被发现的上天；第三，他反复用阴阳理论解释《春秋》。在《公羊传》中

---

[47]《史记》卷121，第3128页。

[48] 按照司马迁的说法，来自齐地的学者胡毋生，汉景帝时博士，是《公羊传》传承体系中一员，"齐之言《春秋》者多受胡毋生"（《史记·儒林列传》）。另一些学者对戴宏的说法提出异议，他们认为《公羊传》早在汉初就已经成文流传。见徐复观《中国经学史的基础》，第178页；《两汉思想史》，第317—328页。关于这个问题，见程艾蓝《汉代儒家研究》，第69、109页。

没有出现把上天作为有意识的力量的概念，也没有把《春秋》中记录的自然灾害与人类行为联系起来。此外，董仲舒对阴阳的强调和他对五行理论的运用，作为将天和地的事务对应起来的手段，在《公羊传》中都没有出现。[49]

就我们此处的目的而言，董仲舒思想与《公羊传》中所反映出来的思想之间的三个差异中的第一个最为关键，因为董仲舒深入理解《春秋》中深奥的"真相"的能力，深刻地改变了对《春秋》的解释，并为在随后两个世纪中出现的伪造文本奠定了基础。[50]按照董仲舒的说法，《春秋》是一部神启的作品，只有跳出文本，才能真正了解其意，董仲舒说："然则说《春秋》者，入则诡辞，随其委曲而后得之。"[51]在其他地方，他充分展开：

> 今《春秋》之为学也，道往而明来者也。然而其辞体天之微，故难知也。弗能察，寂若无；能察之，无物不在。[52]

董仲舒与司马迁实际接触的程度已无法确定。正如我们即将

---

[49] 见徐复观《两汉思想史》，第326—329页。阴阳概念在《公羊传》没有出现，是《公羊传》传统存在的证据，无论它什么时候以文本形式存在，都是在阴阳思想于中国思想界传播之前。我这里需要指出的是，最近一篇文章中认为，《春秋繁露》中包含五行观念的内容都不出自董仲舒之手。See G. Arbuckle, "A Note on the Authenticity of the Chunqiu Fanlu," *T'oung Pao* 75 (1989): 236-44.

[50] 关于这种关系，见杰克·杜尔《汉代谶纬历史导论》，第28—29页。

[51] 《春秋繁露》3:4:5b

[52] 《春秋繁露》3:5:10a。这里我对卜德的翻译稍有改动（冯友兰《中国哲学史》，第75页）。

看到的，司马迁在几个场合中引用了董仲舒的观点，明显对他的学识有最高的敬意。事实上，读者可能会猜测，正如许多中国学者认为的，司马迁曾向董仲舒问学。[53] 但是无论这两位伟大的学者之间究竟有怎样的关系，董仲舒关于常规经典特别是《春秋》的教导，对司马迁有显著的影响。在审视这个问题之前，也许总结一下官方经典的传统是十分有益的，因为它在司马迁的不朽著作产生前夕就已存在。下面四点最为重要：

（1）五（或六）经（代表了六艺）被广泛认为包含了儒家传统的本质。这些文本，通过荀子、陆贾、贾谊和董仲舒这些人的呼吁，已经在官方政治和教育机构中占据了中心地位。

（2）虽然这些经典被认为与孔子有关，但除了《春秋》，他并没有以编辑或作者的身份与它们产生关联。

（3）作为上面第二点的例外，《春秋》不仅被认为是孔子的作品，而且是他最重要的作品。无论《论语》在汉初地位如何，毫无疑问，《春秋》的地位最重要。

（4）《春秋》，因为孟子、董仲舒等学者的教诲，被灌输了鲜明的政治解释。董仲舒甚至认为这段短暂的历史是孔子用最微妙、最深奥的语言写就的万世准则。

最重要的是，司马迁接受了这种传统。而且，关于孔子与六

---

[53] 如李长之《司马迁之人格与风格》，第117页；肖黎《司马迁评传》（长春：吉林文史出版社，1986），第36页。

艺起源之间的关系,在他的叙述中以具体的传记形式予以确认。正如我们在前面部分看到的,司马迁一直强调孔子的个人磨难与传播传统之间的紧密联系。因为只有在他政治生涯结束之后,孔子才转向经典。声称磨难和挫折为孔子从事关于经典的工作提供了动力,也契合了司马迁的文学创作理论,以及他自己作为一个饱受羞辱和挫折的学者的经历。

司马迁在给孔子提供了政治挫折这个强烈的动机之后,详细地描述了孔子关于六艺的工作。他首先指出,在孔子生活的时代"礼乐废,《诗》《书》缺"。[54] 因此,他的努力是对政治和文化衰落的回应,这种衰落的源头可能就是忽视古典学习。司马迁在叙述中暗示,孔子最终意识到,自己的主要政治行为,一个有巨大文化意义的工作,就是纠正传统。

首先,孔子整理《书》。经过孔子的整理,《书》的内容从尧帝开始到秦缪公(也作穆公,公元前659年—前621年在位)。司马迁没有说明新的整理本的准确规模,只是清晰地指出了孔子作为编辑者在这项工作中的核心地位。[55] 孔子关于《礼》和《书》的整理工作,被描述为其对古代典籍进行梳理的一部分,"故《书传》《礼记》自孔氏"。[56]

司马迁把《诗》和《乐》作为关联学科,就像把《书》和

---

[54]《史记》卷47,第1935页。
[55] 班固说这本书的整理出自孔子之手,共100篇。见《汉书》卷30,第1706页。
[56]《史记》卷47,第1936页。

《礼》关联在一起一样,他对孔子整理《诗》和《乐》的工作进行了详细的描述。孔子与鲁国的乐师讨论《乐》,然后"《乐》正,《雅》《颂》各得其所"。[57]然后,按照"可施于礼仪"的标准,孔子从大概三千篇诗中挑选了约三百篇。新《诗》的结构大体呈现出来,司马迁告诉我们,孔子"弦歌"选的诗,"以求合"于各种音乐传统。[58]

随着司马迁记载的继续,孔子转向了《易》。《史记》中关于孔子整理《易》的叙述是有争议的话题,有时被当作后来孔子写作"十翼"或"易传"的证据,这是一系列用相当哲学化的术语对经典文本古老的、占卜性的注释。争论集中在《史记》一句话上,这句话可以用两种完全不同的方式解读:

(1)孔子晚而喜《易》,《序》《彖》《系》《象》《说卦》《文言》。

(2)孔子晚而喜《易》。他整理了《彖》《系》《象》《说卦》《文言》。[59]

根据第一种解读,孔子喜欢《易》和它的传,提到了其中九种(《彖》、《系》和《象》分别有两种)。存在问题的词"序",可以被作为全称"序卦"的指代,或者也可以被翻译为"卦序"。在第二种解读中,"序"被作为动词,指整理,认为孔子承担了

---

[57] 司马迁引自前面讨论过的《论语》9.3a(9.14)。
[58] 《史记》卷47,第1937页。
[59] 我这里只是把这本书各个部分的译文做了些调整,贝恩斯转译卫礼贤《易诗》,波林根丛书第19种(普林斯顿:普林斯顿大学出版社,1967),第19页。

《易》十个传中八个的编辑工作（除了《序卦》和《杂卦》）。

上面的每一种解读都存在有力的支持者。[60]而且，对我而言，第二种解释似乎更可信。序，作为一种传的缩写，超出了传统的传的序列名单，此外，留给我们一个有点奇怪的概念，至少对汉代中国人来说，"喜《易》"并不一定暗示就包括了古老的文本和传。可以肯定的是，那个时候，传被作为文本的内在部分。显而易见，后来的解释者如班固从孔子整理了这些传，并不仅仅是因为喜欢它们的观点，认定孔子写了易传。[61]无论如何，司马迁继续说，孔子"读《易》，韦编三绝"。[62]但相当有趣的是，司马迁声称孔子"以《诗》《书》《礼》《乐》教"，重申了早在《左传》中就已出现的"艺"的主要分组，并从儒家早期课程名单中剔除了《易》。[63]

司马迁笔下的孔子，是五艺的编辑者、权威和传播者。他对孔子工作的描述，为孔子的伟大工作提供了历史背景和具体内容。然而，司马迁认为孔子最重要的工作是创作《春秋》，这项工作被与其他经典上的工作明显区分。按照司马迁的观点，孔子是"作"《春秋》，而不仅仅是整理或编辑它，司马迁确信《春秋》是孔子

---

[60] 如司马贞（《史记》卷47，第1937页）和沙畹（V, 400-401）接受了第一种解释，白话翻译《史记》的张子良接受了第二种解释（《白话史记》[台北：联经出版事业公司，1985]，二，第752页）。

[61] 班固相信，孔子就是"十翼"的作者。见《汉书》卷30，第1704页。

[62]《史记》卷47，第1937页。

[63] 见本书第三章注释9。

事业的巅峰：

> 子曰："弗乎弗乎！君子病没世而名不称焉。吾道不行矣，吾何以自见于后世哉？"乃因史记作《春秋》，上至隐公，下讫哀公十四年，十二公……孔子曰："后世知丘者以《春秋》，而罪丘者亦以《春秋》。"[64]

因此，在这段叙述中，《春秋》成为孔子赖以传名后世和传播学术的尝试。在这里，司马迁笔下的孔子，和《孟子》中的孔子站在同一条线上，声称后世都会因为这个文本赞美或指责他——圣人的名声最终将来自他作为历史学家的工作。而且，按照司马迁的说法，创作《春秋》是圣人最伟大的工作，这项工作完成于他生病和病死之前。

除了前面《孔子世家》中提到的之外，《史记》中其他地方还有两段非常重要的关于《春秋》的记载。第一段出现在《太史公自序》中，是司马迁与同僚壶遂的对话，"昔孔子何为而作《春秋》哉？"在回答这个问题时，司马迁既表明了他对董仲舒的继承，也透露了这种继承的有限。他以"余闻董生曰"开始，描述了周朝的衰落和孔子试图阻止这种衰落的努力。但孔子的努力受到了阻挠，因为"诸侯害之，大夫壅之"。司马迁在《孔子世家》中连篇累牍地描述了孔子遭遇的挫折，孔子意识到"知言之不用，

---

[64]《史记》卷47，第1943页。引文出自《孟子》6:13a（3B:9）。

道之不行也"。然而，在这里，受辱与挫折直接促成了《春秋》的创作。司马迁仍然直接引用董仲舒的话，孔子"是非二百四十二年之中，以为天下仪表"。因此，孔子把他最崇高的政治原则纳入了历史文本的微妙评判中。而且，在这段叙述中，圣人自己宣布了这种方式的优越性："我欲载之空言，不如见之于行事之深切著明也。"

根据这一理论，赋予过去的记录以充分的细节和微言大义，就能成为一个比抽象的哲学阐述（"空言"）更有价值的政治指导。司马迁引用董仲舒的话，出现在董仲舒的《春秋繁露》中："孔子曰：'吾因其行事而加乎王心焉，以为见之空言，不如行事博深切明。'"[65] 司马迁继续回应壶遂的问题，他把《春秋》置于六艺的范畴内，和他之前的荀子、董仲舒一样，司马迁认为六艺中每一个都对应一个人类关注的特定领域：

> 《易》著天地阴阳四时五行，故长于变；《礼》经纪人伦，故长于行；《书》记先王之事，故长于政；《诗》记山川溪谷禽兽草木牝牡雌雄，故长于风；《乐》乐所以立，故长于和；《春秋》辨是非，故长于治人。是故《礼》以节人，《乐》以发和，《书》以道事，《诗》以达意，《易》以道化，《春秋》以道义。

---

[65]《春秋繁露》6:17:3a。华兹生讨论了"空言"一词，我将其翻译为"理论词汇"，他指出，司马迁和董仲舒都认为孔子在《春秋》中使用了"理论词汇"。见华兹生《司马迁》，第87—89页和第211页（注释67）。我同意这个观点，我认为这里的意思是，只使用"理论词汇"不如提供实际历史事例。

司马迁上面提到的理想课程体系和董仲舒最为相近，但也存在一定差异。《易》在董仲舒的名单中排在第五，在司马迁的名单中排在第一，《汉书·艺文志》中保留了司马迁的排序。[66]司马迁是一位天文学家，他参与了公元前104年新历法的制订，扩展了董仲舒关于《易》对"推测"有益的观点，并指出它可以帮助人们理解"阴阳四时五行"。此外，董仲舒认为《礼》长于"文"，而司马迁认为《礼》长于"行"。董仲舒说《书》长于"事"，而司马迁认为《书》长于"政"。然而，无论这些差异的最终意义是什么，他们两位都一致认为《春秋》具备基本的政治含义——长于"治人"。司马迁在对《春秋》功能的描述上进行了大幅拓展：

> 拨乱世反之正，莫近于《春秋》。……故有国者不可以不知《春秋》，前有谗而弗见，后有贼而不知。为人臣者不可以不知《春秋》，守经事而不知其宜，遭变事而不知其权。为人君父而不通于《春秋》之义者，必蒙首恶之名。为人臣子而不通于《春秋》之义者，必陷篡弑之诛，死罪之名。其实皆以为善，为之不知其义，被之空言而不敢辞。夫不通礼义之旨，至于君不君、臣不臣、父不父、子不子。夫君不君则犯，臣不臣则诛，父不父则无道，子不子则不孝。此四行者，天下之大过也。以天下之大过予之，则受而弗敢辞。故《春秋》者，礼义

---

[66] 事实上，这是《易》在六经中的传统排序。关于这种排序的重要性，见周予同《经今古文学》(1926；重印，台北：台湾商务印书馆，1985)，第5—12页。

之大宗也。夫礼禁未然之前，法施已然之后，法之所为用者易见，而礼之所为禁者难知。[67]

因此，君和父、臣和子必须知《春秋》，否则他们将陷入最严重的叛乱和杀戮，礼崩乐坏。事实上，司马迁认为《春秋》中的原则构成了一种法律规范，可以用来判断各种行为。值得注意的是，在这方面，董仲舒写了一部著作，现在已亡佚，他在这部著作中记载根据《春秋》断了二百三十二桩司法案件。[68]

正如我在前面已经指出的，在回答壶遂的问题时，司马迁引用了大量董仲舒的观点和文字。然而，在宣布司马迁是与自己同时代、年长于自己的董仲舒的盲目的追随者之前，我们必须注意一些这里没发现的东西。首先，在司马迁的评论中，没有出现董仲舒独特的宇宙理论，这个理论赋予天、地、人的对应以特殊的重要性，并强调从预兆和灾难中发现深刻的意义。其次，在《史记》中没有一处提到孔子曾得到过神启。就司马迁笔下的孔子而言，激发他创作的灵感完全来自文学，来自同样的挫折源泉，这也激励了左丘明、屈原，当然还有司马迁自己等后来人。最后，没有任何迹象表明司马迁接受了董仲舒的观点，即必须超越《春

---

[67]《史记》卷130，第3297—3298页。我对此部分的总结和翻译很大程度上要归功于华兹生，我只作了微调（《司马迁》，第50—53页）。

[68] 这本有争议的书的名字是"公羊董仲舒治狱"。这本书包括了232个案例。这些案例只有极少数被收录于各种百科全书和合集中。关于这个文本的简单的叙述，见李威熊《董仲舒与西汉学术》，第15—17页。

秋》的文字才能找到文本所珍视的"原则"。假如这段出自《太史公自序》的文字对司马迁解读《春秋》有任何暗示的话,那就是阅读似乎是相对具体和拘泥于文字的。司马迁虽然没有直接这样说,但他似乎怀疑董仲舒理论的"神秘性",怀疑董仲舒解读《春秋》超越了《公羊传》的传统。[69]

关于司马迁如何阅读孔子伟大的著作的问题,让我们关注他第二段关于《春秋》的重要记载,这个段落出现在《十二诸侯年表》(卷14)中。这段最简洁的西周春秋史,清晰地展现了司马迁对《春秋》的历史重要性的认识,它既是政治传统的总结,也是文本传统的开始。他的"序"一开始,就把乌托邦式的西周秩序的崩溃追溯到周厉王(公元前878年—前842年在位)和导致共和执政的叛乱。[70]这场悲剧之后,"强乘弱,兴师不请天子"。诸侯强国,所谓的"霸主",篡夺了周天子的权力,最终四个国家齐、晋、秦和楚,成为政治主宰。然而,在这段简短的历史中,孔子占据了核心地位,他出现在最黑暗的时刻,暂时驱散了黑暗:

是以孔子明王道,干七十余君,莫能用,故西观周室,论史记旧闻,兴于鲁而次《春秋》,上记隐,下至哀之获麟,约

---

[69] 最近的关于司马迁属公羊学派的讨论,见吴汝煜《史记论稿》(南京:江苏教育出版社,1986),第1—17页。
[70] 有论者指出,共和执政是周公和召公共同管理周朝政务(公元前841—前828年)。关于这个有争议的时期,见许倬云和林嘉琳《西周文明》(纽黑文和伦敦:耶鲁大学出版社,1988),第144—146页。

其辞文,去其烦重,以制义法,王道备,人事浃。

在这里,司马迁再次把孔子描绘成一位恢复王道的人,但在他那个时代的政治领导人眼中,"莫能用"。因此,在司马迁的记叙中,春秋时期的历史就崩溃了,进入了一部《春秋》文本的历史,这是《十二诸侯年表序》后半部分的重点。孔子通过伟大的著作纠正堕落时代的错误,完善了王道,并指明了方向。司马迁指出,《春秋》的语言极其简洁和隐晦。他解释说,春秋时期的许多事情都在政治上过于敏感或在道德上让人厌恶,不能被以文字形式记录,只能依靠口头传播。事实上,从司马迁的叙述中我们不难看出,《春秋》就是一种"台本",这是后来中国文学史上的一个术语,只是将其预期的教诲力量带到了广泛的解释性话语的中心:

> 七十子之徒口受其传指,为有所刺讥褒讳挹损之文辞不可以书见也。鲁君子左丘明惧弟子人人异端,各安其意,失其真,故因孔子史记具论其语,成《左氏春秋》。[71]

司马迁总结了《春秋》文本历史的讨论,简要地描述了从左丘明开创的解经的传统衍生出来的其他文本,在某种意义上它们

---

[71]《史记》卷14,第509—510页。当然这是指《左传》,司马迁总是这样称呼《左传》。事实上,司马迁使用这样的称呼,是要表明《左传》根本不是解释《春秋》的,它就是关于春秋时期的一部独立史书。司马迁表示,《左传》主要是关于孔子话语的解释,而孔子这些话语出自《春秋》。

都略逊于左丘明的著作，司马迁授予左丘明儒家最高的荣誉称号"君子"。按照司马迁的说法，左丘明相对完整的历史为理解孔子简洁的历史提供了必要的、权威的语境。我们可以从司马迁的叙述中推测，任何试图脱离孔子通过他的弟子传播的并保存在《左传》中的解释传统而试图从《春秋》中获得重要意义的尝试，都是愚蠢的。

司马迁对《春秋》早期历史的描述意义重大。第一，它表明司马迁相信《左传》是在孔子的文本基础上完成的——试图保留必要的口头传播以理解早期文本中的简洁语言。第二，《左传》与《春秋》的关系是独一无二的。司马迁是一位历史学家，所以我们不会惊讶，相比《公羊传》和《穀梁传》中的微妙解释或董仲舒的哲学推测和文本推理，他更关心《左传》中的具体叙述。第三，司马迁说，孔子根本没有在他的历史中发表最严厉的批评，这些都只在口头传播，这一点很重要。司马迁在书面文本中确立了最受尊重的隐和讳的先例。在这一点上，他可能确实在告诉我们一些他自己的工作，以及他生活和写作所处时代中的困难和政治风险。

六艺的确立，以及孔子在这个重要的过程中的核心作用，以鲜明的历史形态在司马迁的叙事中得到彰显。在孔子一生中的某个特殊时刻，他离开了自己孜孜以求的从政之路，开始编辑、整理和创作那些为万世典范的文本。司马迁对这个过程的叙述，不仅将孔子同时也把他自己置于传统的中心，后世将通过《史记》中的篇章思考这个关键事件。无论司马迁对孔子工作的描述有什么样的最终意义,有学者几乎对这种描述的每一个方面都提出了质疑,但是对大多数中国人来说,它是关于孔子所作所为的明确记载。

在孔子一生中的某个历史时刻,他构建了一个完整的古典传统,编写了一部简短的编年史,这部编年史首先是政治和道德的专著,我们读到司马迁对此的叙述,同时再反思司马迁父亲的临终遗言,必然会怀疑这一切别有用意。如果司马迁想按照父亲的遗愿成为另一个孔子,他说的很多关于自己的话表明他有这样的野心,他正在使自己和自己的著作成为万世典范。他必须像孔子以前做的那样,把已经被严重破坏的传统的各个部分收集起来,再次编织成一个完整的统一。这种统一,如果遵循孔子的模式,就必须呈现出连贯的道德和政治信息,强化古老的儒家真理。它传递的信息十分尖锐,以至于让那些似乎对孔子的信息失去敬畏的邪恶之人感到恐惧。

这些是孔子二世工作的边界。如果孔子二世能完全模仿孔子的模式,以高度简约的风格,创作只能凭借高明的文本推理来理解的简洁文本——它必须像之前孔子的文本一样,等待"君子"的注释。但是,正如我们即将看到的,司马迁的倾向往往与孔子的模式所隐含的使命背道而驰。他确实以惊人的精力吸收和消化过去的文字。对于一代又一代的中国人来说,《史记》是一面用来反映它之前一切的镜子。问题是,与《春秋》中孔子的含蓄不同,司马迁是一个讲故事的人。在《史记》中充满激情、自由放任的叙述部分,他是最强大的。在这方面,《史记》与《左传》的关系,比它与《春秋》的关系更密切。也许正是这种与更广泛的《左传》之间的亲和力,以及他认为历史应该写得生动详细,司马迁第一次以书面文字宣称《左传》保留了《春秋》的必要的、正统的解释,他以这种方式让它正统化。从这个角度看,"真正"的《春秋》不仅仅只是孔子的文本,也包括后来的"君子"左丘明的注释。

最重要的是,司马迁认为孔子是现实政治世界的失败者。孔子的挫折变成了一系列"儒家经典"文本,为后世提供了政治标准。在这些经典中,最富政治性的是《春秋》这部历史文本,其中包含了圣人思想的精髓。来源于丰富注释传统的高度的道德说教和学究式的内容,把《春秋》从"单纯"的历史变成了经典。但是正如我们即将看到的,司马迁显然把这种传统当作自己的先驱,但在他的历史中,故事传播的能量与儒家道德说教传播的能量完全不同。这种能量有时来自非常个人的源头,从司马迁认为创造了所有伟大作品的挫折的源泉中爆发出来,不能轻易地被归入整齐的"经典"队列中。最终,这种巨大的创造力颠覆了成为孔子二世所需要的克制和约束。

第四章　亡父和活着的记忆

仲尼多爱，爱义也；子长多爱，爱奇也。

——扬雄《法言》[1]

正如我们在上一章中探讨的，在司马迁笔下，孔子创作《春秋》时，"约其辞文，去其烦重"。[2] 在中文中，"约"准确的意思是"缠，束"。[3] 孔子谈到礼的力量时使用了"约"这个词。[4] 以孔子为榜样创作的历史，首先要认同礼的节制与克制。问题是，以这样的方式写史过于精简，导致出现大量留白，不得不依靠"文本解析"和"参透字里行间的深意"来辅助阅读。司马迁在《十二诸侯年表序》中关于《春秋》的描述，承认了这个问题，声称《春秋》离不开口耳相传的解释。但口耳相传不稳定，"君子"左丘明著《左传》去填补《春秋》的留白，固化了后世关于孔子伟大著作的解释。

---

[1] 四部备要本，卷12，第2b页。
[2] 《史记》卷14，第509页。
[3] 《说文解字诂林》，第5817b页。
[4] 《论语》6:7b（6.24）。

考虑到司马迁对《春秋》的崇敬和他成为孔子二世的志向,把《史记》和《春秋》相对比,令人感到惊讶。中国古代最具批判性的、最杰出的读者,唐代史学家刘知幾(661—721)提供了一个解决这个疑问的最佳方式。在《史通》的第一卷,刘知幾以"六家"概括了古代的史学体例。第一个就是"《春秋》家"(译按:六家中第一个是"《尚书》家",此处误)。最初,他考虑把《史记》归入"《春秋》家",《史记》的主体部分是本纪,本纪遵循了《春秋》编年纪事的体例。但最终,刘知幾认为司马迁不适合入"《春秋》家",因为他"言罕褒讳,事无黜陟","安得比于《春秋》哉!"[5] 换言之,刘知幾在司马迁著作中并未发现与孔子作品中一致的是非观。因此,《史通》杰出的作者创建了一个单独的"《史记》家",作为六家中的第五个。正如我们所料,他对这一流派的代表给予了严厉批评:

> 寻《史记》疆宇辽阔,年月遐长,而分以纪传,散以书表。每论家国一政,而胡、越相悬;叙君臣一时,而参、商是隔。此其为体之失者也。兼其所载,多聚旧记,时采杂言,故使览之者事罕异闻,而语饶重出。此撰录之烦者也。[6]

孔子二世将孔子描述为语言精略的大师,反过来他自己又因

---

[5]《史通通释》,第1页。
[6] 同上书,第19页。

为冗长和"烦"复重述而被批评。在刘知幾看来,司马迁的错误恰恰就是他认可的《春秋》品质。刘知幾在他的著作中反复强调这些问题,他偶尔会以《左传》作为通史的例子,强调《左传》中没有烦琐的史料和混乱的结构。[7]

无论《史记》的读者如何崇拜司马迁,他都不得不承认《史记》的结构在一定程度上导致史料的重复。单个事件经常出现于五体中的各个部分,读者想要重建任何一个完整的画面,需要经常在不同的、有时甚至互相矛盾的叙述之间来回切换。对于司马迁而言,一个事件往往并无稳定的本质,它只存在于包含不同背景和观点的母体中。因此,一个事件可以是个人传记中的一个元素,但作为一个插曲放到国家政治生活中,它的意义就完全不同了。[8]任何习惯了西方"不间断"叙事特点的人——也就是说任何渴望单一、清晰叙事线的读者——注定会被《史记》的叙事特点所折磨。[9]

刘知幾将《史记》的这种叙事风格归功于司马迁"多聚旧记"。让刘知幾和西方读者困惑的司马迁对历史的编排,可能不

---

[7] 我在一篇文章中简单讨论过这个问题,《刘知幾论司马迁》,《第一届国际唐代学术会议论文集》(台北:学生书局,1989),第36—53页。

[8] 这种被西方人蔑称为"支离破碎"的世界观,在中国传统文化世界中也有相似之处。例如,浦安迪注意到中国文学中,人物缺乏一个"中心","一种不确定性使他们无法呈现甚至倾向于一个明确的自我形象"。见《中国叙事:批评与理论》(普林斯顿:普林斯顿大学出版社,1977),第340页。在范围更大的哲学上的探讨,见郝大为和安乐哲《通过孔子而思》,第17—21页。

[9] "不间断"这个词,是西方叙事与中国叙事的区别,这个词来自 Jaroslav Prosek 的创新,"History and Epics in China and the West," *Chinese History and Literature* (Prague Academia, 1970), pp.17-34。

仅来自事件的语境化概念,也可能是来自司马迁面对的更直接的前所未有的史料收集的问题。用侯格睿的话说,"司马迁作品中各自独立的、差异的描述在某种程度上反映了史料的模糊性,简洁、统一的叙述不会出现这些问题"。[10]

我们无法准确地知道孔子时代史料的情况,毫无疑问的是,肯定比《春秋》这样隐晦的作品所反映的信息要多。司马迁所面临的挑战与孔子肯定不同,或者说,与《左传》的作者不同。司马迁不仅承担了完成中国古代第一部通史的任务,而且由于周朝中期中央秩序的崩溃及随之激增的书面记录,他还被迫考虑和平衡比他之前的历史学家更多的文本材料。在令人钦佩的关于司马迁资料来源的研究中,金德建列举了《史记》中提到的81种文献,其他的研究者已将文献的数量提高到88种。[11] 尽管这个数量让人敬佩,但是我们相信司马迁的资料远远超过了今天可以清楚地统计到的数量。

除了《史记》本身的结构问题,以及处理激增史料的困难,司马迁认为自己处在一个受挫作者的伟大传统之中,这无疑影响了他的历史写作,也影响了他关于自己的写作。正如前面提到的,读者在《史记》中一次次地感受到一种共振,这种共振存在于司

---

[10] 侯格睿的文章是司马迁"多重叙事"的一个非常客观的有用的介绍(《一位中国古代历史学家能否为现代西方理论做出贡献?司马迁的多重叙事》,《历史与理论》33.1[1994],第22—38页)。

[11] 《司马迁所见书考》(上海:上海人民出版社,1963),第3—21页。卢南乔也列出了81种来源,见《论司马迁及其历史编纂学》,《司马迁其人其书》,第93—125页。阮芝生统计了88种来源,见《太史公怎样收集和整理史料》,《书目季刊》7.4(1974年3月),第17—35页。

马迁《报任安书》及《太史公自序》中的自我描述，与他对过去杰出人物的刻画中。

上述三个问题，《史记》的结构问题，司马迁的史料来源问题，以及司马迁自己奇特的视角，集中表现在《伍子胥列传》中，它是汉代历史学家经常涉及的篇目之一。[12]因为它是为数不多的关于春秋时期人物的"列传"，它对于本书研究的意义更加重要。我们可以通过关于伍子胥的叙述检查上面提到的问题，可以仔细审视司马迁对《左传》中史料的使用，他认为《左传》是理解《春秋》的核心。

尽管"列传"中的英雄伍子胥是一位当时的儒家，但是他在很多方面都站到了孔子的对立面。首先，他是一位行动派，多年来有充足的机会担任官府要职。其次，孔子主要的政治生活是坚持崇高的目标，与孔子不同，伍子胥的事业围绕个人复仇、自我保护和霸权展开。最后，他不具备克制与温和这些儒家美德，事实上，行为失度是他毁灭的原因。当伍子胥的仕途终结时，他没

---

[12]《伍子胥列传》最近受到两篇英文文章的关注：Joseph Roe Allen Ⅲ, "An Introductory Study of Narrative Structure in Shiji," *Chinese Literature: Essays, Articles, Reviews* 3 (1981): 31-66; and David Johnson, "The Wu Tzu-hsii Pien-wen and Its Sources: Part I," *Harvard Journal of Asiatic Studies* 40.1 (1980): 93-156, and "Part II," *HTAS* 40.2 (1980): 465-503。Allen 的研究是对《史记》叙事风格最好的介绍，是罗伯特·斯科尔斯和罗伯特·凯洛格著名叙事研究的运用（见《叙事的本质》[纽约：牛津大学出版社，1975]），Allen 通过对《伍子胥列传》（卷66）和《李将军列传》（卷109）的深入研究，得出了他的结论。虽然我关注的伍子胥的事迹 Allen 没有深度研究，但他的研究对我很有用，我在下文中还会引用。与 Allen 不同，姜士彬的研究关注的重点不是《史记》，是敦煌发现的9世纪或10世纪的"变文"中的伍子胥故事。在追踪这个后来的文本的来源的过程中，姜士彬对在《史记》及之前的文本中的伍子胥版本有极大的兴趣。

有转向孔子等受挫学者所经常选择的编辑与写作，而是不断升级对抗，最终以自杀被残害告终。

尽管伍子胥与孔子之间存在明显不同，但是司马迁对伍子胥也表现出了极高的尊重。《史记》从始至终都称颂伍子胥，在其他早期中国文献中也是这样，把他当作敢于说真话的官员典型。司马迁描述伍子胥"以谏死"，评价他"忠于其君"。事实上，伍子胥被与商代传奇大臣比干同列，"义不顾死"，在对这个人物的最终评价中，司马迁表扬伍子胥"名垂于后世"[13]，我们稍后会更加详细地考虑这个评价。

尽管我们能找到的关于伍子胥的资料事实上都是晚周时期的文献，三部汉代之前的文献《左传》《国语》和《吕氏春秋》中包含了特别丰富的信息。正如我前面提到的，司马迁知道和充分使用了这三种资料，他尤其钟爱《左传》，把它作为《春秋》的官方搭档。[14]正如我们今天看到的，《左传》是一部解释《春秋》的编年体史书。关于任何特定个人的信息必须从与该人一生有关的

---

[13]《史记》卷67，卷2199页；卷70，第2300页；卷83，第2471页；卷66，第2183页。作为周代末年对伍子胥有积极评价的一个例子，下面《荀子》中的这段值得注意，在这段话中，他被与周公和管仲并列："故成王之于周公也，无所往而不听，知所贵也。桓公之于管仲也，国事无所往而不用，知所利也。吴有伍子胥而不能用，国至于亡，倍道失贤也。"（卷17，第11a页[第24章]）比干是商纣王的贤臣。因为进忠言，商纣王剖了比干的心（见《史记》卷3，第108页）。伍子胥常被与比干并列。如在《庄子》中，盗跖嘲笑伍子胥和比干："世之所谓忠臣者，莫若王子比干、伍子胥，子胥沉江，比干剖心。此二子者，世谓忠臣也，然卒为天下笑。"（华兹生《庄子译译》，第330页）

[14] 侯格睿展示了《十二诸侯年表》对《左传》的依赖程度。侯格睿关于《十二诸侯年表》的研究是对揭示中国古代两位最重要历史学家之间关系的一次重要尝试（《〈史记〉卷14〈十二诸侯年表〉的解释功能》，TAOS 113.1 [1993]：14-24）。

所有信息中收集。关于伍子胥,《左传》中有八条关键叙述,这个数字随着其他包含伍子胥一生的历史资料的出现会有增加。我把《左传》中直接提到伍子胥的叙述罗列于下:

(1)《左传》,昭公二十年(公元前522年)。楚国大臣费无忌告诉楚王,太子建和他的太傅伍奢将要造反。伍奢被捕,太子建逃到宋国。费无忌告诉楚王伍奢有两个儿子,如果不抓捕他们,难免将来会替父报仇。楚王派使者去召伍奢两个儿子,承诺只要他们来了,他将释放他们的父亲,假如他们不来,他们的父亲就会被处死。长子伍尚告诉他弟弟伍员(子胥),尽管他知道去了将与父亲同死,但他也要过去,这样做才符合孝道的要求。他让伍员逃跑,这样后者可以活下来,向楚王复仇。伍尚回到楚王那,正如他预料的,楚王处死了他和他的父亲。伍员逃到了吴国,立刻动员吴国进攻楚国。然而,吴王身边的权臣吴公子光,知道伍员仅仅是为了家族复仇,并没有考虑他刚刚投奔的吴国的利益。伍员怀疑公子光有政治野心,向公子光推荐了刺客专诸,他知道公子光有一天会用得上专诸。伍员自己则远离政治,成为一个农夫。

(2)《左传》,昭公三十年(公元前512年)。公子光利用刺客专诸刺杀了吴王,自己登基,称"王阖庐"(见昭公二十七年)。吴王阖庐告诉伍子胥,他将接受伍子胥早前的建议入侵楚国,这给了伍子胥重返政治舞台的机会,让他将伐楚计划付诸实践。伐楚计划开始生效,伍子胥的政策发挥了作用,我们被告知,楚国

"于是乎始病"。

（3）《左传》，昭公三十一年（公元前511年）。吴国开始执行伍子胥伐楚计划，侵袭楚国的潜、六、弦。

（4）《左传》，定公四年（公元前506年）。在行人伍子胥与太宰嚭的鼓动下，"无岁不有吴师"。在这一年，伍子胥取得了一系列重大的军事胜利，最后打下了楚国的都城郢，楚王出逃。叙事到此，通过一个倒叙告诉读者，伍子胥出逃之前，在楚国有个朋友叫申包胥。当伍子胥最初逃离楚国躲避与其父兄赴难的下场时，他告诉申包胥："我必复楚国。"申包胥回答说："勉之！子能复之，我必能兴之。"这个申包胥在楚国被打败后，跑到秦国去寻求帮助以对付吴国的入侵。秦国答应了申包胥的求救请求，楚国开始反击，将吴国军队赶出了楚国。（见定公五年）

（5）《左传》，定公十四年（公元前496年）。越国数次打败吴国，伍子胥的伯乐吴王阖庐在这几次战争中受伤而亡。吴王阖庐之子夫差吩咐仆人站在院子里，仆人在他每次经过院中时都要对他说："夫差，而忘越王之杀而父乎？"当然，这是时刻提醒他必须为父复仇。

（6）《左传》，哀公元年（公元前494年）。吴国打败了越国，越国通过向太宰嚭行贿，与吴国讲和。伍子胥强烈反对与越国讲和，长篇大论地劝诫吴王夫差。他引用了少康的故事，少康是夏王的后裔，过国杀了少康的父亲并将浇推上了王位，少康复仇灭掉了过国。[15] 伍子胥解释说,少康能翻盘,越国同样可以。他接着指出,越王句践极力获得越国民众支持,获得民众支持的越国将是吴国最大的敌人。伍子胥也强调,吴国、越国比邻而居,世代为敌,假如吴国持续纵容敌人强大,吴国将自食其果。吴王夫差拒绝了伍子胥的建议,伍子胥愤怒地预言二十年后"吴其为沼乎!"他退出了公众生活(译按:此处疑有误)。吴国与越国讲和。伍子胥反越国的政策失败。

(7)《左传》,哀公十一年(公元前484年)。吴国将攻打齐国。越国给吴国送来礼物,除伍子胥之外,吴国所有人都十分欣喜。伍子胥劝谏吴王,指出越国是吴国的"心腹之疾也",齐国根本不对吴国构成威胁。他的建议再次被拒绝。然后,伍子胥被派出使齐国,他将儿子托付给齐国的一个熟人。吴王认为伍子胥已经不再忠诚,赐剑让他自裁。伍子胥自杀之前,说道:"树吾墓槚,槚可材也。吴其亡乎!三年,其始弱矣。盈必毁,天之道也。"[16]

(8)《左传》,哀公二十二年(公元前473年)。伍子胥的预言成真,越国灭了吴国。吴王夫差不愿意臣事越王,自缢而亡。

《左传》为我们呈现了这样一个伍子胥:他被楚国放逐,成为吴国的权臣,他最初建议反楚,后来建议反越。当然,他憎恨楚

---

[15] 正如我将要看到的,同样的情节出现在《吴太伯世家》中记载的一段伍子胥的话中。奇怪的是,司马迁在《夏本纪》中丝毫没有提到少康的故事。这种疏忽招致了很多批评和讨论(SKKC 2:45-46)。

[16] 槚就是野梧桐,一种适合做棺材的树。这种树的作用,就是为了说明伍子胥已经预见吴国灭亡的命运。

国，源于他想为死去的父兄复仇。反楚阶段，在吴国攻下楚国都城郢时，他登上了政治生涯的顶峰，但在《左传》中并未提及他在战争中的个人贡献以及打败敌人后他的反应。我们得到的信息只是他以前的朋友申包胥发挥了关键作用，挽救了楚国。越国打败了吴国，吴王阖庐去世，伍子胥敦促对越国采取军事行动。这样的行动也可以从复仇角度去理解，是为吴王阖庐复仇。当然，阖庐的儿子夫差应当承担复仇的任务。但是夫差很快放弃了他最初的决心，与越国讲和，把他的进攻矛头转向了北方的齐国。夫差忽视了伍子胥的建议，命令伍子胥自杀，历史证明伍子胥的建议是正确的。伍子胥在死前预测了吴的灭亡，随着公元前473年吴的灭亡和夫差自杀，他的预言成真。

如果我们把《左传》中时间跨度近五十年的几个故事集中起来，将其视为一部不完整的个人传记，伍子胥故事中精彩的留白部分会有进一步的发展。正如我们将从下面的文本中看到的，伍子胥的故事朝着更清晰的"浪漫"的，一个超越司马迁，从诸如《越绝书》《吴越春秋》到唐代著名的"变文"的过程发展。[17]

---

[17] 姜士彬精确地追溯了这一发展。他说："关于伍子胥彪悍而又仁慈的故事，最早是口头流传的，而关于他的勇武行为的文字记载可能很早就已经出现。随着时间的推移，关于他的故事也逐渐体系化。"(《伍子胥变文》，第94页)就是说，与苏秦等其他东周人物类似，伍子胥成了马伯乐所说"浪漫"的主题，尽管这些"浪漫"主题比马伯乐想象的更依赖于口头流传（见 Henri Maspero, "Le roman historique dans la littérature Chinoise de l'antiquité," *Etudes historiques: Melanges posthumes surles religions et l'histoire de la Chine*, vol. III [Paris: Publications de Musee Guimet, 1950], pp. 54-64）。我猜测，早在《左传》成书的时候，就已经有了关于伍子胥的大量传说，《左传》的作者从中挑选了他认为可信的以及他关注的部分。

第四章 亡父和活着的记忆 121

正如前面提到的，《国语》提供了关于伍子胥的第二个早期材料来源。在已经分析了《左传》中伍子胥故事后，考虑到《国语》对伍子胥传奇的贡献，这两个史料来源的确定的时间顺序并不是没有疑点。强有力的证据表明，《左传》《国语》的作者不是同一个人，司马迁和班固都相信这一点，这两部文本精确的时间先后顺序仍然是一个存在争议的问题。我在《国语》之前讨论《左传》中的叙述，仅仅是因为司马迁把《左传》作为早期口头解释《春秋》的准确记录，这里我的目的是考虑司马迁使用和塑造史料，特别是他尤其重视的史料的方式。[18] 尽管如此，仍可以肯定司马迁熟悉并经常在著作中引用《国语》。[19]

《国语》中的《吴语》含有伍子胥的信息，时间跨度覆盖了从公元前494年夫差进攻越国到公元前473年越国最终征服吴国的二十二年。因此，伍子胥追随阖庐时政治上最风光的那部分没包

---

[18] 司马迁及之后的班固都认为左丘明是《国语》的作者。司马迁在《太史公自序》中说："左丘失明，厥有《国语》"（卷130，第3300页）。在《十二诸侯年表》中，左丘明是《左氏春秋》的作者（《史记》卷14，第510页）。一些学者，如金德建认为二者最初是一本书，到司马迁时代才被拆分为两本书（《司马迁所见书考》，第5页）。这是极不可能的。大量证据表明这两部书是不同作者完成的，它们从未作为一本书流传。关于探讨此问题的中文研究，见屈万里《先秦文史资料考辨》，第400—402页。关于《国语》及其与《左传》关系的精辟而详细的总结，见 James Pinckney Hart, Jr.,《〈周语〉的哲学》，博士论文，华盛顿大学，1973。Hart 总结了他对早期观点的梳理，并提出了自己的建议，正如他自己所承认的那样，他认为《国语》和《左传》都是基于更早的、现在已经失传的秦国史，它在公元前440年前已经完成。Hart认为《国语》是公元前3世纪左右的作品（见第248页）。更多细节，见我本人论文《司马迁心中的〈左传〉》。

[19] 张以仁关于此问题的论述让人信服，见《论〈国语〉与〈左传〉的关系》，《国语左传论集》（台北：东升出版实业公司，1980），第96—101页。

括在这个文本中。相反,故事开始于伍子胥试图劝阻吴王夫差与越国和谈。一如《国语》的风格,故事情节主要是伍子胥大段劝诫。与《左传》相比,有所增加和不同的地方,如下:

(1)伍子胥第一次劝诫吴王夫差,对应上面提到的《左传》中的第六个细节,没有提及少康,也没有提到其他历史先例。相反,他仅仅是警告夫差不要相信越国的求和政策。正如伍子胥描述的,越国的策略是鼓励吴国骄傲自大,他们自己乘机加强扩充军事力量。[20]

(2)伍子胥第二劝诫,对应前面提到的《左传》中的第七个细节,在《国语》中篇幅要长些,并且引用了楚灵王(公元前539年—公元前527年在位)的悲惨故事,楚灵王的军事野心导致民众疲惫,最终引起民众叛乱。楚灵王被民众抛弃,正如伍子胥在故事中讲述的,他最终在孤独的绝望中自缢而亡。伍子胥继续说道,吴国的民众,与楚灵王的民众一样,疲惫不堪,"越人必来袭我"。[21]

(3)吴国打败齐国后,吴王夫差批评了伍子胥。然而,《国语》中没有提到伍子胥将儿子托付给朋友(像上面《左传》中第七个细节中那样),夫差也没有赐剑给伍子胥,命令他自杀。[22]

(4)伍子胥回应吴王夫差的批评的讲话不如《左传》中的充分。他认为夫差对齐国的胜利让吴国离灾难更近了。他在发言

---

[20]《国语》,四部备要本,19:2b。
[21] 同上书,3a-3b。
[22] 同上书,4b。

结束时宣布了自杀的意图,因为他不能忍受"见王之亲为越之擒也"。与他在《左传》中的最后陈述形成鲜明对比,临死之前,伍子胥宣称,"悬吾目于东门,以见越之入,吴国之亡也"。吴王对此十分愤怒,说:"孤不使大夫得有见也",然后把伍子胥的尸体用皮革包裹起来,投到了江里。[23]

(5)正如伍子胥所预测的那样,在越国最终打败吴国后,吴王夫差自缢而亡。但是,他在临死前宣称,"使死者无知,则已矣。若其有知,吾何面目以见员也"。[24]

《国语》中伍子胥的故事至少增加了两个重要方面:首先,关于楚灵王的叙述预示无能的夫差最终灭亡;伍子胥与夫差,更加戏剧化。《国语》中没有提到伍子胥坟墓上的檟树。相反,他要求把他的眼睛挖出来悬挂在吴国都城的东门,这样他能看见自己所预测的事件。夫差为了确保伍子胥什么也看不到,把他的尸体裹在一个皮革袋子里投入江中。另一方面,夫差带着将在地下面对伍子胥的羞愧去世。《国语》中出现的这两个最后场景,构成互补的一对,并在我们的故事中引入一个新的、重要的主题。一对对手,伍子胥,想看,以被证明;而另一个,夫差,不想看,以免羞耻。然而,第一个不会看到,他的眼睛和他的尸体被紧紧地包裹在皮包中,被投入江中。第二个,他不想看,或许会见,或许不会见,将取决于死者是否有灵魂。见与不见的问题,作为伍子

---

[23]《国语》,四部备要本,4b-5a。
[24] 同上书,14a。

胥故事的一部分第一次在《国语》中出现，将在司马迁的叙述中被继承和发展。

关于伍子胥，第三个重要的汉代之前的文献是《吕氏春秋》。这部著作在汉代之前的文献中是独一无二的，它的成书时间确定，流传至今几乎没有文本差异。《吕氏春秋》是在吕不韦的资助下编成的，吕不韦在公元前247年到前237年曾效力于秦王嬴政（即之后的秦始皇）。在"十二纪"的最后有一个"序"，这个文本的第一个主要分界能被追溯到公元前241年。[25] 梁启超（1873—1929）研究了这个文本的真实性，尽管有略微的夸张，基本是准确的："此书经二千年无残缺，无窜乱，且有高诱之佳注，实古书中之最完好而易读者。"[26]

正如我们在前一章中看到的，司马迁欣赏《吕氏春秋》，认为它源自孔子的《春秋》。尽管司马迁将该书与其他历史资料归为一类，但《吕氏春秋》更多的是一部哲学著作而不是历史著作，传统上它被归入"杂家"。[27] 然而，该书中确实包含了很多历史细节，多是用来解释哲学观点的，其中有四条涉及伍子胥。

《吕氏春秋》中出现的伍子胥的故事，是我们迄今为止看到的最清晰的，带有活灵活现故事传统的烙印，马伯乐称之为"浪漫"。显然，这个引人入胜的人物激发了大众的想象力，并成为姜

---

[25] 关于这个问题，见屈万里《先秦文史资料考辨》，第440—441页。
[26] 引文见张心澂《伪书通考》（重印，香港：友联出版社，修订版），第1016页。屈万里对这种偏激的观点持保留意见，见《先秦文史资料考辨》，第441—442页。
[27]《汉书》卷30，第1741页。

士彬喜爱的不断被充实丰富的传奇人物。我相信,这一趋势可以在下面四段材料中找到:

(1)伍子胥离开楚国后(没有解释他离开的原因),他从一个国家到另一个国家,寻找可以服务的对象。最终,他决定在吴国效力,但必须穿过楚国才能到吴国,而楚国正在抓捕他。他在楚国遇到一位渔夫,这个渔夫帮助他渡过长江。伍子胥想赠给渔夫一把宝剑作为报答,但是渔夫拒绝了他的礼物,他告诉伍子胥,如果他想获得奖励,他只要把伍子胥交给楚国执政者,能获得的奖励价值远远超过这把宝剑。此后,伍子胥每次进食,都会为仁慈的渔夫献祭和祝告。[28]

(2)伍子胥试图在吴国得到重用,被推荐给公子光(见上面《左传》故事一)。然而,公子光发现伍子胥太丑陋了,拒绝当面听他说话。伍子胥同意在帘子后同公子光交谈,公子光被伍子胥的睿智打动,接受了他。后来,在伍子胥的协助下,公子光成为吴王,赢得了一系列对楚国作战的胜利。伍子胥随同胜利的军队重返楚国,"亲射王宫,鞭荆平之坟三百"。[29]

(3)吴王计划援助越国。伍子胥反对,他认为两国接壤,仇雠敌战之国,"非吴丧越,越必丧吴"。吴王夫差没有接受伍子胥的建议,给越国提供了援助。[30]

---

[28]《吕氏春秋》,四部备要本,10:8a-8b。
[29] 同上书,14:8a-8b。
[30] 同上书,14:12a-13a。

（4）吴王夫差计划攻打齐国。伍子胥认为越国才是真正的敌人。齐国离吴国很远，他们的语言、风俗与吴国不同，而越国与吴国有很多共同点，两国语言、风俗接近。与齐国而不是越国发动战争，在伍子胥看来，就像"惧虎而刺猏"。夫差拒绝了伍子胥的建议，发兵攻打齐国。吴王取得大胜，回来之后，将要惩罚伍子胥。伍子胥选择自杀，死前，他说道："吾安得一目以视越人之入吴也。"夫差于是从伍子胥尸体上挖下眼睛，将它们悬挂在东门，说道："女胡视越人之入我也！"然后将伍子胥的尸体投到江中。越国最终征服了吴国，夫差被俘。夫差死前（没有交代他是自杀还是被处死）说："死者如有知也，吾何面以见子胥于地下！"为了避免这种可能性，夫差"乃为幎以冒面而死"。[31]

《吕氏春秋》明显丰富了《左传》《国语》中的伍子胥故事。伍子胥寻找合适的君主和最后被公子光任用是这两个故事的主题，这两个故事都包含了熟悉的民间传说元素。故事一描述了伍子胥与渔夫的相遇，渔夫将伍子胥送到安全的地方，拒绝了他的馈赠。遇到正义和智慧的渔夫这样的故事经常出现在古代中国文本中，这样一个人物的保护赋予伍子胥和他的使命以合法性。[32] 故事二把伍子胥描述成一个丑陋而睿智的人，这也是民间传说中常见的

---

[31]《吕氏春秋》，四部备要本，23:5b-6a。

[32] Joseph Allen 将对渔夫的认可作为司马迁常用的一种刻画方法的例证，在这种方法中，第三人的评论提供了一个人物刻画的关键。渔夫"（在文学传统上）是道德的典型。他是道德操守的权威，……是对伍子胥道德品质的最高评价"("Narrative Structure in Shiji," p. 56)。

主题，在后面关于伍子胥的描述中，这个主题没有被跟进。[33]

或许上面几个故事中最重要的补充，其中一个还成为司马迁叙述中的核心，是关于伍子胥如何报楚平王处死他父兄之仇。我们必须牢记，伍子胥逃离楚国，就是为了活下来向楚平王复仇。然而，在《左传》和《国语》中，除了暗示他以某种方式参加了对楚国国都的征服之外，没有任何可以反映他是如何复仇的信息。此处，我们被告知，伍子胥进入楚国首都后，首先向楚王宫殿射了一箭，或许这是他希望以此杀死曾居住在这里的楚王，然后在楚平王坟墓上抽了三百鞭子，一个足以杀死一个活人的数字，还有一个假设，三百鞭子可以改变死者的精神。

《吕氏春秋》中关于伍子胥死亡的描述，正如在上面的故事四中总结的，与我们前面看到的故事都不同。[34]为了证明伍子胥的预言不会发生，愤怒的夫差挖掉伍子胥的眼睛，将它们悬挂在东门。在《国语》中，伍子胥自己想把眼睛挖出来，而夫差用皮革将伍子胥尸体包裹的目的就是要让他不能如愿。在上面第四个故事中具有讽刺意味的是，夫差给了伍子胥的眼睛一个看到的机会。因为它们看见了夫差确信它们看不到的东西，夫差必须蒙住自己的眼睛，这样他就不会看到他不希望看到的——来世的伍子胥

---

[33] 见姜士彬《伍子胥变文》，第124页。在文中，他指出"我在宋代以前关于伍子胥的材料中没见过这样的记载"。关于对伍子胥丑陋而睿智形象的研究，见斯蒂斯·汤普森《民间文学母题索引》（布鲁明顿：印第安纳大学出版社，1957），第421—422页。

[34] 姜士彬指出"无论《吕氏春秋》中关于伍子胥的材料来自何处，都不可能是《左传》"（《伍子胥变文》，第124页）。

(译按：此处有误。吴王应该是蒙上了脸，以示无颜面对伍子胥)。

我们关于伍子胥信息的调查可能会延长。除了上述内容外，其他文本中也涉及这个浪漫的人物。[35] 但是我们这里的目的不是追溯伍子胥传说的兴起，而是要考虑司马迁如何从互相矛盾的来源构建自己关于伍子胥的描述。正如我在之前已经说的，最重要的是司马迁对《左传》的态度，他把《左传》看作"范史"，是对孔子《春秋》的权威解释。

当我们转向《史记》，我们发现关于伍子胥的信息至少出现在五个不同的卷次中，在各自的叙述中，有相当多的重复。这个特殊的案例清晰地解释了刘知几发现的司马迁作品中的"弱点"："故使览之者事罕异闻，而语饶重出。"[36] 就我们关心的内容而言，司马迁关于伍子胥最详尽、最重要的叙述是《伍子胥列传》(卷66)。和《史记》中其他涉及伍子胥的部分不同，它可以被解读为单一的叙事，焦点始终牢牢地锁定在伍子胥身上。但是，我们先从《史记》中那些把伍子胥作为次要话题的部分开始入手，然后再转向《伍子胥列传》(卷66)中详尽的叙述。

《史记》中前三个以伍子胥为次要话题的叙述出现在"世家"部分，它们的焦点是那些对诸侯国有直接影响的事件。因为伍子胥的政治生涯几乎都是在吴国度过的，他参与了这个国家最重要

---

[35] 如《穀梁传》定公四年和《公羊传》定公四年。关于后一个版本的一些重要评论，见鲁威仪《早期中国的合法暴力》(奥尔巴尼：纽约州立大学出版社，1990)，第84—85页。

[36] 《史通》，第19页。

的事件,《吴太伯世家》(卷31)包含了相当数量的信息,这些信息大多与《伍子胥列传》相似,偶尔也有与之大相径庭的内容。[37]《楚世家》包含了伍子胥父兄在楚国被处死的内容,伍子胥逃离楚国的内容,以及他参与的公元前506年攻入楚国都城的内容。[38]《越王句践世家》记录了伍子胥未能劝说吴王夫差攻打越国,也记载了伍子胥的死亡。[39]最后,伍子胥出现在《刺客列传》中,他推荐专诸给公子光,公子光利用这位刺客刺杀了吴王僚,登上王位,即吴王阖庐。[40]

正如司马迁所设计的,《伍子胥列传》至少处理了两个深刻的、司马迁个人感兴趣的问题:首先,儿子对父亲有什么责任,这种责任与中庸之道如何平衡;其次,对于将缺席的未来,失败者和被抛弃者如何在死亡之时获得安慰。《伍子胥列传》第一段就介绍了对父亲的责任。这个故事明显来自上面提到的《左传》中的第一个故事。然而,在检查司马迁对这个特定故事的改编前,先偏离主题,考虑一下司马迁如何利用《左传》,这将是十分必要的。

司马迁在"世家"和"本纪"部分对《左传》的依赖特别明显,这两个部分所涉及的春秋时期的内容,都在《左传》所涵盖

---

[37]《史记》卷31,第1461—1472页。
[38]《史记》卷40,第1712—1716页。
[39]《史记》卷41,第1740—1744页。
[40]《史记》卷86,第2516—2518页。

的时间段内。相比之下,《史记》的"列传"部分只有前五篇涉及春秋时期的历史人物,且只有目前正在分析的《伍子胥列传》,基本上来自《左传》。[41] 在最近一项关于司马迁对《左传》材料使用的研究中,顾立三指出,在《史记》中司马迁一般都是缩写自己采用的早期史料。他强调,司马迁(1)删除或简化《左传》中华丽的辞藻;(2)删除了与核心叙述无关的内容,特别是《左传》中有关礼仪和战争的大段篇幅;(3)减少有关春秋时期不重要国家的信息(特别是那些都没有单独被收入"世家"的国家)。司马迁只在少数情况下扩展《左传》的叙事,通常只在要充分了解历史"事实"之时才进行扩展。[42]

顾立三认为,人们只要认识到《左传》的主要宗旨是解释《春秋》,《春秋》是为了"传播礼的教诲",而《史记》围绕中心论述选取史料,如此就能理解这两部史书中的这些差异了。[43] 这样的争论对于《左传》和《史记》都是有问题的。正如前面提到的,关于《左传》最初是否是作为注释存在,《史记》是否是由"历史事实"以外的力量塑造的,这些都是问题。[44] 顾立三认为这

---

[41] 关于司马迁使用《左传》的学术评论,一些时候没有注意到《史记》中改编《左传》部分特殊的体例格式。"世家"部分通常以简短的方式呈现对于封国有重要影响的政治事件。因此,司马迁在将《左传》中与特定国家政治没有直接关系的材料改编入世家时,往往会删除。

[42]《司马迁撰写〈史记〉采用〈左传〉的研究》(台北:正中书局,1981),第74—102页。司马迁在关于孔子参加郏谷之会的描写中,对《左传》中的记载进行了大幅扩充。

[43] 同上书,第4页。

[44] 这些"历史事实以外"的力量在"世家"中出现得最多,相比之下,"列传"中出现很少,因为"列传"是司马迁作品中最"文学"的部分,《左传》中的材料被采用的很少。

两部文本视角不同,这是正确的,我们将回到这个主题。

顾立三的研究在这里很重要,它突出了《伍子胥列传》中第一个故事特质,关于这个故事,司马迁的叙述比《左传》要丰富得多。而且,这种特别的扩展,不能仅仅被解释为"澄清历史事实"的需要。事实上,当这个故事被《史记》改编,顾立三就认为它有不同寻常的地位。他指出,司马迁对伍子胥形象的塑造与太史公自己的独特经历紧密相关,我认为这个分析是正确的。[45]

为了理解司马迁如何重塑《左传》中这个特殊的故事,我们转向相关的叙述。[46] 公元前521年,楚平王任命伍奢为太子傅。在一场王位继承争夺中,太子建被迫逃离楚国。太子傅伍奢被他的对手无极陷害,被楚王囚禁。伍奢有两个儿子暂居于吴国。《左传》叙述的故事如下:

> 无极曰:"奢之子材,若在吴,必忧楚国,盍以免其父召之。彼仁,必来。不然,将为患。"
>
> 王使召之,曰:"来,吾免而父。"
>
> 棠君尚谓其弟员曰:"尔适吴,我将归死。吾知不逮,我能死,尔能报。闻免父之命,不可以莫之奔也;亲戚为戮,不

---

[45]《司马迁撰写〈史记〉采用〈左传〉的研究》(台北:正中书局,1981),第97页。

[46] 这里我要强调的是,我所说的"重塑",并不是说司马迁在没有参考当时可能存在的其他版本的故事的情况下,就修改了这篇文章。当然,他对《左传》很熟悉,而且考虑到他自己所强调的文本优先顺序,《左传》对他的影响一定很大。但是,无论他的"重塑"是他自己的一种创造性行为,还是简单地选择了另一个现在已经失去的叙述,就文本历史而言,这个故事从他的文本"重塑"中浮现出来,他必须对这种新的形态负责。

可以莫之报也。奔死免父,孝也;度功而行,仁也;择任而往,知也;知死不辟,勇也。父不可弃,名不可废,尔其勉之!相从为愈。"[47]

伍尚归。奢闻员不来,曰:"楚君、大夫其旰食乎!"[48]

楚人皆杀之。[49]

司马迁关于这个故事的记述,出现在《伍子胥列传》中,如下:

无忌言于平王曰:"伍奢有二子,皆贤,不诛且为楚忧。可以其父质而召之,不然且为楚患。"

王使使谓伍奢曰:"能致汝二子则生,不能则死。"

伍奢曰:"尚为人仁,呼必来。员为人刚戾忍訽,能成大事,彼见来之并禽,其势必不来。"

王不听,使人召二子曰:"来,吾生汝父;不来,今杀奢也。"

伍尚欲往,员曰:"楚之召我兄弟,非欲以生我父也,恐有脱者后生患,故以父为质,诈召二子。二子到,则父子俱死。何益父之死?往而令雠不得报耳。不如奔他国,借力以雪父之耻,俱灭,无为也。"

伍尚曰:"我知往终不能全父命。然恨父召我以求生而不往,后不能雪耻,终为天下笑耳。"谓员:"可去矣!汝能报杀

---

[47] 从字面上看,这个短语在原文有些晦涩,"从我之言"(见《春秋左传注》,第1408页)。
[48] 就是说他们会疲于对付子胥,吃饭时间都得不到保证。
[49] 《左传》昭公二十年,第1408页。

父之雠，我将归死。"

……伍尚至楚，楚并杀奢与尚也。[50]

在上面引用的《左传》版本中，父亲没有召唤儿子。兄长收到传唤，教育他弟弟按正确的路线行动。弟弟根据儒家"悌"的原则，默默地遵行。在司马迁的版本中，父亲期待着儿子们的反应：他知道伍尚会来到他这里，而伍员不会来。父亲和儿子在这段叙述中都表现出鲜明的个性。事实上，正如司马迁所述，弟弟伍子胥发表了大段言论并提议出逃。这段叙述不但与《左传》不同，而且与《史记》中出现的第二段记载也不同。第二段记录出现在《楚世家》，是《史记》中"不同版本"的一个精彩的例子，这也是让刘知幾困惑的《史记》文本的鲜明特色。记载如下：

无忌曰："伍奢有二子，不杀者为楚国患。盍以免其父召之，必至。"

于是王使使谓奢："能致二子则生，不能将死。"奢曰："尚至，胥不至。"

王曰："何也？"

奢曰："尚之为人，廉，死节，慈孝而仁，闻召而免父，必至，不顾其死。胥之为人，智而好谋，勇而矜功，知来必死，必不来。然为楚国忧者必此子。"

---

[50]《史记》卷66，第2172—2173页。

> 于是王使人召之，曰："来，吾免尔父。"
>
> 伍尚谓伍胥曰："闻父免而莫奔，不孝也；父戮莫报，无谋也；度能任事，知也。子其行矣，我其归死。"
>
> 伍尚遂归。……楚人遂杀伍奢及尚。[51]

人们易于把第二种叙述看作是"列传"中基础文本的缩写，但伍奢在讲话中分析自己儿子并预测他们的反应，要比司马迁在其他地方的叙述要丰富得多。我无法回避这样的分析：司马迁使用了这个故事的其他叙事，而这种叙事已经不再流传，或者在这个地方，也许到处都是这样，他创作的对话和演说对他的叙事风格至关重要，我们没有必要去研究他在《史记》其他地方是如何创作这样的对话和演说。[52]

正如上面提到的，关于伍子胥父亲的演说，司马迁提供了两种版本，在《左传》中没有对应的部分，《左传》中伍奢保持沉默。正如我们已经看到的，司马迁对一个父亲临死之前说的话有特殊的兴趣。在这个例子中，父亲对自己的儿子给予了极有洞察力的评价——他准确地评估了他们的个性，并预判了他们对召唤的反应。伍子胥就自己和兄长被召唤回到父亲身边发表的言论，既没有出现在《左传》版本中，也没有出现在《楚世家》版本中。

---

[51]《史记》卷40，第1713—1714页。

[52] 司马迁最严厉的批评者之一、金代的王若虚（1174—1243）注意并评论了这两处叙述的差异："《史记》载伍员父子语言，本传与世家参差不同。或云此变文也。予谓不然。言出于一人之口，书出于一人之手，而自变其文，人何以取信哉！"（《滹南遗老集》，四部丛刊本，第65册，卷19，第1b页）

当然,伍子胥是其"列传"的主角,所以从一开始就很自然地以他为叙述的核心。但是,在这种考虑之外,他强有力的存在和引人入胜的言论,营造了其他两个版本所没有的冲突。伍子胥远不止被动地倾听睿智的兄长讲话,他还建议他们一起逃跑。他兄长的反应成为两种对立欲望的折中,所作所为完全符合其父的预测。在司马迁的叙述中,与《左传》类似,决定的关键不是兄弟二人各自有多少美德,以及兄长对这些美德睿智的分析,事实上,它是一种解决困境的尝试:孝子服从他的父亲,他必须响应召唤赴死;但是,少子必须替父报仇,他必须拒绝召唤以活下来去行动。儿子们只有作为团队而不是个体,才能既孝顺,又能满足这两个要求。伍尚毫不拖延地履行了一半的责任,在履行责任时,他被处死,获得了他应得的"荣誉",在之后的叙述中踪影全无。

司马迁的故事转向了"忍訽"的儿子,他直到最终完成自己所承担的孝道的责任才可以获得荣誉。从一个角度看,伍子胥活着比死去更痛苦。他不断希望在未来被澄清,他被描述为"谋划"大师。他的阴谋创造了情节,故事离不开他的存在。读者在《伍子胥列传》中展望了未来,并展望了活下来的儿子不可避免的复仇努力和决心。然而,第二个主题,即在未来寻找和实现成就,进入叙事,与孝道主题交织。伍子胥,一个死里逃生的避难者,必须通过展望未来证明自己存在的正当性。他的谋划必须有好的结果,否则他将得不到任何安慰。在这一点上,司马迁的个人情感明显融入叙事之中。他,也是一个死里逃生的受难者,他必须把荣誉寄托于未来，作为一个文字工作者，他的辩护，采用的是没有那么充满戏剧性、没那么暴力的方式。

《伍子胥列传》中接下来的叙述，在《左传》和《吕氏春秋》之间交替。司马迁采用了渔夫的故事，这个故事只在《吕氏春秋》中出现过，给英雄赋予了道德合法性，但是他没有继续采用《吕氏春秋》中伍子胥吃饭前一定要为仁慈的渔夫祈祷和献祭的叙述。在渔夫的帮助下，伍子胥逃到了吴国。

司马迁关于伍子胥逃到吴国后立即试图劝说吴王进攻楚国的叙述，明显采用了《左传》的记载。公子光劝谏吴王，认为此举对吴国无益，伍子胥"欲以自报其仇耳"。司马迁遵循这个版本，没有选用《吕氏春秋》中那个丑陋的伍子胥的奇特故事，他将我们的注意力吸引到中心问题——复仇上。然而，故事发生到这个阶段，伍子胥似乎在政治上受阻。他退而"耕于野"，此外，杀死伍子胥父兄的楚平王自然死亡，《伍子胥列传》没有叙述死因，在《楚世家》中有恰如其分的介绍。正如我们看到的，伍子胥是谋划者，他有惊人的规划未来的能力。他已洞察公子光的政治野心，在退耕之前，向公子光推荐了英勇的专诸。正是专诸刺杀了吴王僚，帮助公子光登上王位，即吴王阖庐，专诸的事迹在《刺客列传》(卷86)中有详细的介绍。我们的英雄预见的这一叛乱，发生在他悄然退耕之后，为他重返政治舞台奠定了基础。在司马迁和《左传》的故事中，吴王阖庐不仅重新任用伍子胥，还立刻采纳了伍子胥的建议，与楚国为敌。

几年冲突之后，在《史记》中也就是几百字的叙述之后，吴国的军队攻入楚国的都城郢，楚昭王出逃。正如早前提到的，《左传》关于这个情节的描述，尽管暗示伍子胥参与了攻打首都的战役，但是既没突出他的参与，也没介绍他如何向杀死自己父兄的国家复仇。相反，《左传》介绍了伍子胥之前的一位朋友申包胥，并将楚国复国与申包胥的英勇行动联系在一起：

> 初，伍员与申包胥友。其亡也，谓申包胥曰："我必复楚国。"申包胥曰："勉之！子能复之，我必能兴之。"
>
> 及昭王在随，申包胥如秦乞师，曰："吴为封豕、长蛇，以荐食上国，虐始于楚。"[53]

最初，秦国拒绝援助楚国，但是在申包胥"勺饮不入于口"七日七夜哀号之后，秦王被他的忠诚所打动，派兵援助楚国。因此，在《左传》的叙述中，复仇的主题让位于申包胥对国家的忠诚及忠诚的强大力量。我相信，这是《左传》压倒一切的道德关切塑造其叙事并影响故事选择的一个例子。

正如我们已经看到的，在《吕氏春秋》的故事中，伍子胥通过向楚王的宫殿射箭及鞭打楚平王的坟墓完成复仇。这个复仇行动，在《左传》中没有记载，现在作为一个重要情节出现在《史记》中，并巧妙地同《左传》中的申包胥的故事融为一体。但是

---

[53]《左传》定公四年，第 1547—1548 页。

在《伍子胥列传》中，伍子胥的行动比任何早期文献中的记载都令人震惊：

> 始伍员与申包胥为交，员之亡也，谓包胥曰："我必覆楚。"包胥曰："我必存之。"
>
> 及吴兵入郢，伍子胥求昭王。既不得，乃掘楚平王墓，出其尸，鞭之三百，然后已。
>
> 申包胥亡于山中，使人谓子胥曰："子之报仇，其以甚乎！吾闻之，人众者胜天，天定亦能破人。今子故平王之臣，亲北面而事之，今至于僇死人，此岂其无天道之极乎！"
>
> 伍子胥曰："为我谢申包胥曰，吾日莫途远，吾故倒行而逆施之。"
>
> 于是申包胥走秦告急，求救于秦。秦不许。包胥立于秦廷，昼夜哭，七日七夜不绝其声。秦哀公怜之，曰："楚虽无道，有臣若是，可无存乎！"乃遣车五百乘救楚击吴。[54]

申包胥忠诚、正直的形象在这个故事中得到了确证。而且，他被自己旧友的极端行为震惊。很明显，掘一个已死去十年的人的坟墓并鞭打尸体，伍子胥做得很过分。司马迁不仅在此处，也在《吴太伯世家》中记录了这件可怕的事情。[55] 评论者主要关注

---

[54]《史记》卷66，第2176—2177页。

[55]《史记》卷31，第1466页。在《楚世家》只提到"辱平王之墓"（《史记》卷40，第1715页）。

"历史真实",不注意其文学功能,强调早期文献中仅仅提到鞭坟,他们因此质疑司马迁这个版本的历史真实性。[56]

我们这里的目的不是重构过去。从文学的角度看,亵渎楚平王的尸体是《伍子胥列传》的核心,也是故事情节的一个转折点。这一事件让伍子胥的成功达到了顶点,而他以另一个可怕的插曲终结的衰落也就开始了。尽管司马迁一直以同情的心态刻画伍子胥,但是在这里,他揭露伍子胥做得太过分了。[57]在极端的复仇情绪的支配下,伍子胥丧失了洞察力,看不到自己极端行为可能的后果。申包胥,而不是伍子胥,看到和暗示上天将摧毁他以前的朋友。因为狂热寻求复仇,伍子胥成为《伍子胥列传》后半段主要人物吴王夫差的对立面,夫差在替父复仇时做得并不过分。[58]

吴国对楚国的军事霸权是短暂的。在《伍子胥列传》的故事中,伍子胥建议吴国攻楚,他个人的复仇任务一旦实现,吴国的关注点就转移了。吴国主要的政治问题来自邻国越国,在公元前496年吴国攻打越国的战争中,吴国不仅大败,赏识伍子胥的吴王阖庐也受伤死去。在临终前,吴王阖庐召唤他的继承者夫差,说:"尔忘句践杀尔父乎?"夫差对曰:"不敢忘。"[59]这个情节,正如

---

[56] 如施之勉《史记会注考证订补》,第593—594页。他给出了一系列证据说,"皆不言鞭平王之尸"。

[57] 这确实是后来一些学者的看法。如扬雄说:"胥也,俾吴作乱,破楚入郢,鞭尸藉馆,皆不由德。"(《法言》卷10,第2a页)

[58] 因此 Allen 将李长之的"对照"看作伍子胥与夫差之间对比("Narrative Structure in Shifi," pp. 51, 57)。

[59]《史记》卷66,第2178页。

我们已经看到的,出现在《左传》中,在《左传》中还进一步讲述了夫差让仆人在自己出入庭院时提醒自己为父复仇的承诺。

吴王夫差最初遵守了对父亲的承诺。阖庐去世两年后,他在夫湫打败越国。[60]然而,越国立刻向吴国求和。通过贿赂吴国太宰伯嚭,越国成功与吴国讲和,为提高自己军事实力争取到了时间。因为被越国欺骗和蒙蔽,夫差逐渐将注意力从越国转移,军事野心转向了北方。

《伍子胥列传》的其余部分主要关注伍子胥的徒劳无功,他试图说服夫差,越国,才是吴国真正的敌人,而不是北方。司马迁举了三个伍子胥反对吴王夫差政策的例子。第一个例子是一小段,伍子胥仅是警告"越王为人能辛苦。今王不灭,后必悔之"。[61]有趣的是,第一段言论以适宜的篇幅出现在《吴太伯世家》中,司马迁这里提供的版本明显来自《左传》(前面第六个故事)。这篇重要的言论还涉及儿子为遭受不公而死的父亲复仇的主题,乍一看,司马迁选择在其他地方而不是《伍子胥列传》中详细叙述这个主题,似乎有点奇怪。然而,在《伍子胥列传》中,司马迁重点关注的是伍子胥不断增加的挫折,并不是他论点中确切的政治细节。[62]

---

[60]《史记》卷66,第2178页。《史记》卷31,第1469页。《史记》卷41,第1740页。

[61]《史记》卷66,第2178页。

[62]《吴太伯世家》中伍子胥的演讲如下:"昔有过氏杀斟灌以伐斟寻,灭夏后帝相。帝相之妃后缗方娠,逃于有仍而生少康。少康为有仍牧正。有过又欲杀少康,少康奔于虞。有虞思夏德,于是妻之以二女而邑之于纶,有田一成,有众一旅。后遂收夏众,抚其官职。使人诱之,遂灭有过氏,复禹之绩,祀夏配天,不失旧物。今吴不如有过之强,而句践大于少康。"(《史记》卷31,第1469页)

伍子胥第二篇言论是由吴国对北方的齐国远征引起的。这篇言论与《左传》（故事七）有着松散的联系，以"夫越，腹心之病"为核心。[63]言论主要内容是一个警告，即越王句践虽然摆出了求和的姿态，但他实际上是在争取越国民众的支持，最终将转而攻打吴国。

夫差继续他敌视齐国的战略，引发了伍子胥的第三篇言论。这篇言论，在《左传》和《国语》中都没有出现，但似乎是从《吕氏春秋》（前面的故事四）中的言论缩略而成。伍子胥描述齐国是"譬犹石田，无所用之"。但此处并没有像《吕氏春秋》那样，认为吴国和越国语言、风俗类似，天然是仇雠之国，伍子胥在这里引用了《盘庚之诰》，强调统治者不应留下残敌，否则会反受其害。[64]这一点，作为楚国的残敌，伍子胥从个人经历也能悟出此道。

所有这三篇言论都可以参考早期资料来源进行丰富，其中之一，正如我们看到的，出现在《史记》其他部分的一个更长的版本中。但无论是在《左传》《国语》中，还是在《吕氏春秋》中，伍子胥临死之前发表的言论都没超过两次。正如此处提到的，《伍子胥列传》包含了伍子胥的三篇言论，都十分简洁。司马迁的重点不是伍子胥言论的说服力，这些在早期来源中十分具体，他关注的

---

[63]《史记》卷66，第2179页。《史记》卷31，第1471页。《左传》哀公十一年，第1664页。

[64]《尚书》(1815，重印，台北：艺文印书馆，1955)，卷9，第1a—19a页。

是面对夫差"愚蠢"的外交政策和对亡父孝道缺失,伍子胥不断增加的挫败。最后,伍子胥放弃了希望,他把儿子托付给齐国的朋友,并且对儿子说:"吾数谏王,王不用,吾今见吴之亡矣。"[65]

在这个例子中,伍子胥无法活着看到他的预言应验。正如我们已经看到的,他的死,在上面讨论的三种文本中存在相当大的差异。回顾一下,在《左传》中,吴王夫差命令伍子胥自杀,伍子胥自杀前,要求在坟墓上种一棵槚树。注释中解释,槚树是棺材的好原料,他确定战败的吴国需要一口棺材。在《国语》中,伍子胥并不是被命令自杀,他仅仅"不忍见王之亲为越之禽也"。然后,奇怪的是,他要求把他的眼睛悬挂在城门上以便他看着越国军队进入。因此,在《国语》的叙述中,似乎是伍子胥想看却又不愿看吴国战败的结局!在《吕氏春秋》中,伍子胥被命令自杀,他死后的愿望是他未来能看到自己的预言应验。而且,是夫差出于怨恨将伍子胥的眼睛悬挂于城门,他确信伍子胥的眼睛不会看到越国的军队进入吴国。显而易见,伍子胥的死已经成为他传奇人生中最具变数的部分。

在司马迁的版本中,邪恶的太宰伯嚭首先劝诫吴王夫差说,伍子胥是一个不忠异见者。然后,

> 乃使使赐伍子胥属镂之剑,曰:"子以此死。"[66]

---

[65]《史记》卷66,第2127页。

[66] 属镂是一把剑的名字,也被称作"属卢"或"独鹿"。在《荀子》(18:5a)中被称为"独鹿"。关于这把宝剑在中国古代的各种名字,见《广雅》,四部备要本,第8a—27b页。

> 伍子胥仰天叹曰："嗟乎！谗臣嚭为乱矣，王乃反诛我。我令若父霸。自若未立时，诸公子争立，我以死争之于先王，几不得立。若既得立，欲分吴国予我，我顾不敢望也。然今若听谀臣言以杀长者。"
>
> 乃告其舍人曰："必树吾墓上以梓，令可以为器；[67]而抉吾眼县吴东门之上，以观越寇之入灭吴也。"乃自刭死。
>
> 吴王闻之大怒，乃取子胥尸盛以鸱夷革，浮之江中。[68]

吴王夫差，正如伍子胥在最后一次演讲中提醒我们的，已经忘掉了伍子胥对其父吴王阖庐的忠诚，这本身就是不孝。而且，他远没有完成给死去的父亲复仇，夫差实际上给越国创造了一个摧毁他父亲在伍子胥帮助下建立的强大的国家的机会。如果说伍子胥过分强调孝道的责任，以鞭打尸体这样过激的行动完成了复仇，夫差的复仇明显做得远远不够。正如我之前已经强调的，司马迁，当他描写自己的生活时，十分关注亡父的遗言和遗言施加于儿子身上的责任。同样的主题作为主要内容出现在《伍子胥列传》中，司马迁列举了两个极端，然后在狂热地坚持父亲的要求（例如伍子胥）和不孝地忽视父亲的遗命（如夫差）之间寻找一个中间地带。或许，司马迁也在自己的生活中寻找一个中间地带：狂热地坚持父亲的愿望，完全按照儒家典型要求自己；不孝地忽视父

---

[67] 梓这种树在中国古代被认为是"树中之王，特别适合制造容器"。评论者指出，梓与《左传》中提到的槚树一样，是适合制造棺椁的树木。

[68] 《史记》卷66，第2180页。

亲的遗言，或者根本不去写作历史，或者是在写作完成前自杀。

伍子胥和夫差之间的对比，以及司马迁在字里行间蕴含的自己的情感纠缠，并没有到此结束。伍子胥的一个特点，说出来有点简单，就是他不能容许死亡影响他的计划。他的故事始于他作为避开了死亡的弟弟，有人认为他应该去到被认定有罪的父亲身边一同遭受苦难。因此，他对已故的楚平王的复仇，以及他希望自己在死后能获得满足感，这种满足感来自他能看到自己是正确的，夫差是错误的，这二者有一种怪异而奇特的一致性。司马迁的故事在继续，伍子胥的对手夫差死了，在未来"看见"的主题将再次出现。正如伍子胥预言的，但是没能看到——他的眼睛与他的身体被残忍地包裹在皮包中沉于江底——越国灭了吴国。

夫差的死是司马迁反复提及的几个故事之一，每次都有轻微的差异。在《伍子胥列传》中，他仅仅说："越王句践遂灭吴，杀王夫差。"据我所知，这里隐含的吴王夫差被杀是吴国灭亡的一部分，并没有早期文献来源。在"列传"中一旦主人公去世马上就会转向结论，因此之后涉及吴王夫差的细节就微乎其微了。[69] 在《吴太伯世家》中关于夫差的死亡有相对较长的叙述：

> 越败吴。越王句践欲迁吴王夫差于甬东，予百家居之。吴王曰："孤老矣，不能事君王也。吾悔不用子胥之言，自令陷

---

[69] 这一卷最后简要叙述了建之子胜的遭遇，胜是楚国王位的合法继承人，他逃离了楚国，这也是一个以胜的失败和自杀为结尾的复仇故事。

此。"遂自刭死。[70]

司马迁第三次提到吴王夫差之死,出现在《越王句践世家》,这是最详细的记载:

> 句践怜之,乃使人谓吴王曰:"吾置王甬东,君百家。"
> 吴王谢曰:"吾老矣,不能事君王!"
> 遂自杀。乃蔽其面,曰:"吾无面以见子胥也!"[71]

这条叙述与《国语》中对夫差死亡场景的叙述很相似,也能让人联想到《吕氏春秋》中的叙述,后者关于夫差死亡的描述提供了更多细节。根据司马迁的详细记载,夫差死了,和他的陪衬伍子胥一样,关注"看见"。但是,伍子胥想看见,夫差想遮盖自己的视野,就像他想尽力遮蔽伍子胥的视野一样。

伍子胥是一位谋划大师。他应该展望未来,展望他的计划开花结果或他的预言应验,这是很自然的。他在行动,很大程度上是受到强烈的复仇情绪所鼓励。由死亡仲裁导致的两次沮丧——一次因为楚平王之死,一次他自己之死——使他的继续行动或希望行动,变得荒谬。但如果伍子胥是动态的,夫差就是静态的。

---

[70]《史记》卷31,第1475页。《左传》和《国语》中夫差都是悬梁自尽。在《国语》中,伍子胥与灵公的讲话中预言了夫差之死,这段没有出现在《史记》中。

[71]《史记》卷41,第1745—1746页。

纵观全部叙述，夫差废止了他父亲施加给他的行动。和《史记》中众多的"昏聩"君主一样，他不能看出自己政策的后果，他死了，想保持"瞎的状态"，很恰当。

不过，无论我们在《史记》中发现司马迁如何反对伍子胥的极端行为，但毫无疑问，"爱奇"的司马迁通常对伍子胥充满同情。在他的评论中，很少有比这一卷结尾处的溢美之词更多的了：

> 太史公曰：怨毒之于人甚矣哉！王者尚不能行之于臣下，况同列乎！向令伍子胥从奢俱死，何异蝼蚁。弃小义，雪大耻，名垂于后世，悲夫！方子胥窘于江上，道乞食，志岂尝须臾忘郢邪？故隐忍就功名，非烈丈夫孰能致此哉？[72]

正如我前面提到的，司马迁的叙述在几个点上都明显认同伍子胥，他在最后的评论中重申了这种认同，因为司马迁也放弃了一个"小"的原则，选择活着完成他的工作。但是上面引用的司马迁评论中最后一句话，真实地反映了伍子胥的行为吗？他平静地忍受了吗？司马迁的评论与他讲的故事并不一致。《伍子胥列传》或许是关于一个能暂时忍受屈辱的故事，这是司马迁的评论所强调的一个话题，但它不是一个默默忍受屈辱的故事，也不是一个渴望"名垂后世"的故事。伍子胥仅仅想复仇，他为了实现这个目标，公然不顾这种复仇行为的自然限制。要满足复仇或知

---

[72]《史记》卷66，第2183页。

道他的预言是准确的,就必须尽可能具体地落实——通过鞭尸或悬挂眼睛于城门;伍子胥想体验到这个结果,而不仅仅是从对未来的思考中汲取力量。

就这个话题而言,司马迁与伍子胥毫无相似之处。司马迁坚持被压抑的受挫作家的传统,希望他的著作有一天"传之其人通邑大都"[73],从而获得慰藉。换句话说,他从思考未来他的读者和预期他们的赞扬中获得安慰。书面文字将超越他自己的死亡,并将他的记忆和其他人的记忆流传下去。司马迁为了写作和未来的名声"隐忍"。因此,在《伍子胥列传》"太史公曰"中,与其说是他在描述伍子胥,不如说是他在描述自己的境遇。

在评论中,就像在伍子胥的故事中,司马迁自己生活的主题和矛盾,就像他自己展示的那样,反复呈现和塑造了他的历史。他不能简单地搬运,不仅是因为他面前的文本是如此庞杂,需要解释,而且还因为他在这些文本中找到了极大的个人兴趣。在他丰富的学识和他对故事的任性参与的交汇处,出现了一个极其复杂和模棱两可的主题模式。我相信,刘知幾认为《史记》中没有始终如一的"褒贬"的观点是正确的。《史记》是一部令人不安的作品,无论多少儒家崇拜者试图在其中寻找一致的道德线索,这些道德线索都无法完全符合任何说教式的模式。在这一点上,司马迁的著作与《左传》形成鲜明对比,《左传》中的道德观点始终如一

---

[73]《汉书》卷62,第2735页。

且并不复杂。[74]

司马迁最早的批评者班固,将司马迁归入道家学派不一定正确,但当他说司马迁"是非颇谬于圣人"时,他没有错怪自己的前辈。[75]扬雄(公元前53年—公元18年),作为司马迁评论者中更早的,也是最睿智的一位,他更敏锐:

> 多爱不忍,子长也。仲尼多爱,爱义也。子长多爱,爱奇也。(《法言》卷12)
>
> 或曰:"淮南、太史公者,其多知与?曷其杂也!"曰:"杂乎杂!人病以多知为杂,惟圣人为不杂。"书不经,非书也;言不经,非言也。[76](此处注释页码有误,《法言》卷5)

扬雄认为司马迁与孔子一样,是"多爱"之人。但是,扬雄暗示,司马迁"爱奇",导致他"杂","不经"。这对一心想成为孔子二世的司马迁而言,是非常严厉的批评。我认为扬雄对司马迁编织的复杂的道德模糊的故事的批评是合理的,这些故事往往反映了司马迁自己的生活状态和独特的好奇心,而不是像左丘明这样的"君子"或孔子这样的"圣人"追求的始终如一的道德观。

---

[74] 王靖宇发现了《左传》中的说教模式:"简单地说,模式是这样的:就像邪恶、愚蠢和傲慢通常给自己带来灾难一样,善良、聪明和谦逊往往会得到应得的回报。"(《从〈左传〉看中国古代叙事作品》,《中国叙事》,第14页)

[75]《汉书》卷62,第2737—2738页。

[76]《法言》12:2b。

第五章　名垂青史

子曰:"君子疾没世而名不称焉。"

——《论语》(15.19)

子曰:"不患人之不己知,患不知人也。"

——《论语》(1.16)

司马迁称之为"王道之大者"的《春秋》,纪事下限是公元前479年,那一年孔子去世,而作为孔子经典权威解释的《左传》,纪事下限到了公元前468年。这些作品非但没有带来一个正义与和平的时代,反而接近于战乱频繁的战国时期,这个时期一直持续到公元前221年秦始皇统一中国,司马迁关于这个时期描述如下:

务在强兵并敌,谋诈用而从衡短长之说起。[1] 矫称蜂出,

---

[1] "合纵连横"是战国时期说客们倡导的两种不同的联盟方式。合纵是秦、楚北南联盟,对抗齐国;连横是齐、楚东西联盟,对抗秦国。华兹生认为"长短"可能不是指不同的联盟(《司马迁》,第185页),而是指说客们提出不同立场的利("长")弊("短")的论证方法(SKKC 15:3)。

誓盟不信，虽置质剖符犹不能约束也。[2]

正如我之前指出的，战国时期文本激增，内容更加多样化。政治混乱和群雄争霸为各个学派争鸣提供了空间；熟练的写作和巧妙的演讲都能引起统治者的关注。[3]然而，当司马迁开始编写这段时期的历史时，他抱怨自己的叙述缺乏可靠的史料来源。他解释说：

> 秦既得意，烧天下《诗》《书》，诸侯史记尤甚，为其有所刺讥也。《诗》《书》所以复见者，多藏人家，而史记独藏周室，以故灭。惜哉，惜哉！独有《秦记》，又不载日月，其文略不具。[4]

因此，司马迁不仅缺乏这一时期全面、权威的历史，如《左传》之于春秋时期，而且他告诉我们，他甚至缺乏必要的基本的编年记载来构建这一关键时期的历史图景。尽管有这样的问题，关于战国的历史仍然在他的著作中占据了重要的部分。事实上，据当代学者统计，《史记》中38%的内容涉及这段不到250年的时期，这个数字说明，越是与司马迁自己生活的时代接近，载入

---

[2]《史记》卷15，第685页。
[3]《史记》中有这样的例子，法家韩非子刚来到秦国，通过他的作品吸引了秦王的注意。《史记》卷63，第2155页。
[4]《史记》卷15，第686页。徐复观提供的证据表明，司马迁关于《秦记》的记载是错误的，认识是正确的（见《原史：由宗教通向人文的史学的成立》，第22页）。

《史记》的内容越多。[5]因此，既然他抱怨缺乏能用的史料，那他如何填充《史记》中的战国历史呢？班固回答了这个问题，他在司马迁传的最后，列出了他的前辈最重要的资料来源：

> 故司马迁据《左氏》《国语》，采《世本》《战国策》，述《楚汉春秋》。[6]

如前面章节已经提到的，《左传》和《国语》构成了司马迁关于春秋时期历史的基础。《世本》已亡佚，记录"黄帝以来至春秋时"帝王诸侯谱系，是司马迁《史记》中最早时期历史的最重要的史料来源。[7]班固罗列的最后一个文本是《楚汉春秋》，此书关注秦末刘邦（汉高祖）与项羽相争的斗争（我们将在下一章讨论刘邦、项羽之争）。[8]班固所列的司马迁的基本史料来源剩下的只有《战国策》了，它记载了战国时期（公元前403年—前221年）的重大事件。

将《战国策》列为司马迁的资料来源之一，班固犯了时代错

---

[5] 郑良树《战国策研究》，第178页。
[6] 这段话中出现的"左氏国语"曾被认为是一个文本。我把它作为《左传》和《国语》两部书，《汉书》标点者把它作为两个文本（卷62，第2737页），沙畹翻译班彪关于《史记》的评论中也把它分成两本书，见 Memories, vol. I, CCXLL。
[7] 《汉书》卷62，第2737页。班固的《艺文志》说此书15卷，认为此书和很多古代文献一样，是刘向编辑的（《汉书》卷30，第1714页）。其他关于此书的叙述，通常比班固提到的版本篇幅要少，到南宋（1127—1224）这部书就亡佚了。
[8] 班固的《艺文志》说此书的作者是陆贾，包含9卷（《汉书》卷30，第1714页）。更多细节见本书第六章。

误，因为在司马迁时代，《战国策》并不存在。《战国策》最早由刘向（公元前77年—前6年）编辑整理并冠以现在的书名，成书时距离司马迁去世已经近百年了。班固认为博学的历史学家和目录学家当然知道这一事实，他可能是说司马迁使用了后来被编入《战国策》的材料。[9] 这些材料的确切性质一直是存在巨大争议的问题。如罗根泽在几篇文章中宣称，刘向只是编辑和传播了一部经过整理的文本，文本最初是由汉初的说客蒯通创作的，《史记》中曾提到过蒯通。[10] 然而，最近郑良树对《战国策》的深入研究，可以让我们把罗根泽的研究放到一边，他认为刘向的确根据大量分散史料编辑了《战国策》，郑良树的结论是："《战国策》的前身是好几批材料，分别由不同的作者，在不同的时代或地域，用不同的观念来作成的。"[11]

郑良树认为，刘向的材料主要来自战国时期活跃于政治舞台的纵横家。[12] 事实上，郑良树和西方关于《战国策》研究最重要的

---

[9]　因此，当我提到后来编入《战国策》中的材料（司马迁使用了这些材料，最终被刘向编辑），我就直接写《战国策》，而没有引用其中的材料时提到的《战国策》，那就是指司马迁死后百年左右编辑出来的文本。

[10]　见《战国策作于蒯通考》，顾颉刚主编《古史辨》，第4册（重印，台北：明伦出版社，1970），第229—232页；和《跋金德建先生战国策作者之推测》，同上书，第6册，第379—385页。《史记》中关于蒯通的描述，"蒯通者，善为长短说，论战国之权变，为八十一首。"（《史记》卷94，第1649页）

[11]　郑良树《战国策研究》，第10页。

[12]　我关于"纵横家"的翻译，来自牟复礼（萧公权《中国政治思想史》，第42页）。这个名字来自那些主张合纵连横的人。纵横家是一群不断说服诸侯国君接受他们政治建议的人，这些人是修辞辩论的高手，在英语中被称为"修辞学派"。

学者克让普都认为，这部引人入胜的作品中的许多内容，最初被作为指导有抱负的说客的辩论"范本"。[13]因为这个原因，《战国策》中许多篇章的历史价值都值得怀疑，即便是任意一个的读者都会有这样的怀疑，用郑良树的话说，"有时不惜歪曲史实，甚至捏造史实"。[14]克让普在这个问题上进一步强调："《战国策》不是一部史书。"[15]事实上，几个世纪以来，中国最著名的目录学家一直在争论《战国策》是否值得列入"史部"书目，或者究竟应该列入哪个门类。如宋代目录家晁公武（死于1171年）怀疑《战国策》作为历史史料的价值，将它归入"诸子"，说它"盖出学纵横者所著"。[16]

史料的准确性并不是《战国策》的唯一问题。《战国策》很大程度忽视了儒家美德中的仁慈和责任，反复强调有"利"的政策和行为，无论这些政策和行为背后的道德多么可疑。[17]事实上，北宋时期《战国策》的整理者曾巩（1020—1090），把《战国策》整理成现在的三十三卷，而他之所以整理保存《战国策》，就是为了树立一个反面典型：

---

[13]　见郑良树《战国策研究》，第17页。克让普《战国策》（修订版，旧金山：中国资料中心，1979）。
[14]　《战国策研究》，第17页。
[15]　《战国策》，第11页。徐复观同意这个观点，见《论〈史记〉》，第73页。
[16]　转引自张正男《战国策初探》（台北：台湾商务印书馆，1984），第214页。
[17]　众所周知，儒家对纯粹基于"利"的判断是深恶痛绝的。如《论语》4:4a（4.16）："君子喻于义，小人喻于利。"

> 或曰，邪说之害正也，宜放而绝之，则此书之不泯其可乎？对曰，君子之禁邪说也，固将明其说于天下，使当世之人皆知其说之不可从，然后以禁则齐。[18]

尽管《战国策》存在史料和道德问题，但是班固宣称司马迁使用了《战国策》中的大量材料，近来关于《史记》与《战国策》的对比研究足以支撑班固的判断。郑良树统计过，司马迁关于战国时期的叙述44%直接来自《战国策》。按照他的说法，这还是一个保守数字，我们知道原始的《战国策》大部分已经丢失，司马迁使用过其中的一些材料。[19] 就战国时期历史而言，司马迁对《战国策》的依赖程度，至少与他关于春秋时期的历史对《左传》的依赖程度相似。[20] 司马迁的历史被极其可疑的《战国策》所"污染"，这一点并未被忽视。中国最早的关于《史记》的评论之一就已经指出了这个问题。公元前32年，汉宣帝（公元前74年—

---

[18] 见《战国策》，四部备要本，"序后"，第2a页。此段我使用的是克让普的翻译，见《战国策》，第6页。克让普提供了几位中国传统研究者关于《战国策》的观点。比较典型的是罗克非（约公元1090年）的观点："那些读过这本书的人应该钦佩其说服力的有效性，而忽略其主题的卑鄙，以至于他们只被修辞本身所打动。"（第7页）

[19] 郑良树《战国策研究》，第27—28页。关于这一估计的"保守"性，见第182—183页。

[20] 当然，要得到司马迁对《左传》引用的确切百分比是很困难的，因为我们已经看到，司马迁对《左传》改编非常随意，而他对《战国策》经常是原文引用。郑良树指出，司马迁对《左传》改编的部分原因是语言问题："在文字方面，我们知道，太史公常常用汉代的'今语'把艰深的古书'翻译'过来；譬如太史公采用《尚书》《左传》某段文字，为了使当时人易于阅读，就常常把那些艰深的词汇改成浅近的文字。这些，都是人人皆知的。《战国策》文字比较浅近，太史公几乎不注重'翻译'，反而是注重在增删、改易这方面的工作了。"（《战国策研究》，第184页）

前 50 年在位）五个儿子中的一位，东平王刘宇入朝上书求诸子及《太史公书》，《太史公书》是《史记》最初的名字。[21] 刚刚被任命为大将军的王凤回复说：[22]

> 臣闻诸侯朝聘，考文章，正法度，非礼不言。今东平王幸得来朝，不思制节谨度，以防危失，而求诸书，非朝聘之义也。诸子书或反经术，非圣人；或明鬼神，信物怪；《太史公书》有战国从横权谲之谋，汉兴之初谋臣奇策，天官灾异[23]，地形院塞：皆不宜在诸侯王。[24]

虔诚的王凤批评司马迁的书"有战国从横权谲之谋"，上面呈现的这个评价的完整文本表明，王凤关心的不是《史记》的史料准确性问题，而是担心诸侯王利用它来发动叛乱，这显然是针对《史记》来自《战国策》的那部分内容。

因为《史记》中包含大量《战国策》内容，针对《战国策》的批评自然也波及司马迁对于战国时期的叙述。只有那些把司马迁作为历史学家的狂热的捍卫者才会坚持认为，司马迁会仔细验证这些绝大多数来自《战国策》中的"阴谋诡计"，哪些是可以证

---

[21] 关于这个问题，见陈直《太史公书名考》，《史记论文选集》，第 199—206 页。
[22] 关于王凤，见鲁惟一《前汉》，崔瑞德、鲁惟一编《剑桥中国史》卷 1《秦汉帝国（公元前 221 年至公元 220 年）》（剑桥：剑桥大学出版社，1986），第 215 页。
[23] "天官"是指天上的星体。
[24] 《汉书》卷 80，第 3324—3325 页。

实的、值得被纳入严肃的历史叙述。举一个著名的例子，尽管故事本身存在严重而明显的历史问题，司马迁从《战国策》中完整地复制了苏秦（大约公元前320年最为活跃）的故事，苏秦是一位致力于建立强大反秦联盟的睿智的战略家。[25]就像对待其他史料那样，司马迁不加批判地使用《战国策》，作为中国古代最伟大的文学评论家之一的王世贞（1526—1590）认为司马迁关于战国时期历史的描述"雄而肆"[26]。

从另一个角度看，对《战国策》的批评以及聚焦它对《史记》的影响，可能都没抓住重点。克让普曾经说，中国学者太过关注这个文本可疑的历史准确性，而对其技艺高超的文学特质关注甚少。这同样适用于《史记》，一代又一代的读者既喜欢司马迁的"善叙事"，也热衷于他对历史的描述。然而，与《战国策》相反，在《史记》的例子中，因为司马迁声称自己是一个崇尚最高批评标准的历史学家，历史准确性的问题变得更加复杂。在《高祖功臣侯者年表》的"序"中，他说：

> 于是谨其终始，表其文，颇有所不尽本末；著其明，疑者

---

[25] 关于苏秦记载的历史真实性，见马伯乐《历史小说及史籍》，他认为《史记》中关于苏秦的记载来自公元前3世纪的政治浪漫主义作品，"苏秦在中国历史上的地位，就像大仲马的达达尼昂在17世纪法国历史上的地位一样"（第61—62页）。虽然我不会像马伯乐那样草率地否认苏秦故事有一些历史依据的可能性，但正如马伯乐所说，《史记》中的描述很大程度上是虚构的。

[26] 引自《古今图书集成》卷327，第28页。

阙之。[27]

在这段话中和《史记》其他地方，孔子适用于所有叙事的标准响亮地在司马迁耳边回荡："多闻阙疑，慎言其余，则寡尤。"[28] 谨慎对待流传下来的记载——将所有有疑问的记载都放在一边——这是儒家好的品质，《春秋》这部被认为是孔子创作的历史文本，没有出现危险的文学放任，呈现的是一个简洁的事件清单。

正如我在前面指出的，司马迁并不总是受制于儒家克制与适度的原则。说到底，他既是一位冷静的历史学家，也是一位热情洋溢的文学作品编辑者。他引用《战国策》，就像他引用其他资料，儒家的批评标准经常让位于作为司马迁价值尺度的故事本身的影响。这让人想起了哈罗德·布鲁姆对另一个尽管完全不同却庞大的选集的评价："希伯来圣经，从它诞生起，就绝不是一部神学总集，它是审美选择的产物。"[29] 某种程度上，司马迁的选择也来自审美。而且，那些他认为包含批评性和个人兴趣的主题的叙事，明显影响了他的审美标准。在这里，《战国策》是一个文本，

---

[27]《史记》卷18，第878页。司马迁作为严谨历史学家的标准赢得很多赞扬。如，周虎林，引用了《论语》中一段话，热情洋溢地说："太史公有这个特点！"然后，他举出了许多司马迁谨慎地对待历史记录的例子，见周虎林，《司马迁与其史学》（台北：文史哲出版社，1987），第194—197页。

[28]《论语》2：4b（2.28）。

[29]《纽约书评》35：5（1988年3月31日），第23页。我应该感谢华盛顿大学约瑟夫·艾伦教授，他提醒我关注这篇文章。

战国是一段历史时期，它们具有独特的力量——它们为司马迁提供了异常丰富的人物和故事，这些人物和故事唤起了能引发他思考的、令他兴致盎然的主题。正如《战国策》所热烈呈现的，战国时期充满动荡和戏剧化，这是一个狂热崇拜的时代，一个既赏识天才也埋没天才的时代，一个充满暴力死亡的时代。

我们列举两个引人入胜的案例，在这两个案例中司马迁明显偏离了史料，以一种更直接、更有力的方式面对自己的特殊兴趣；它们不是《史记》中的豫让、荆轲或者才华横溢的外交家苏秦的故事，在这几个故事中，司马迁几乎一字未改地重复了现存《战国策》中的叙述。[30]第一个例子来自《刺客列传》（卷86），《史记》最具文学意义的篇目之一。《史记》包含这样一个篇章，有点背离儒家传统。毕竟，司马迁在这一篇中认为"不欺其志"名垂千古的几个人，其实就是一些威胁和杀害政要的暴徒。[31]

司马迁刻画的最精彩的刺客就是聂政（大约公元前375年）。[32]故事开始，聂政出场，他为躲避仇敌，成为一名默默无闻的杀狗的屠夫。当然，这样卑微的环境掩盖不住他真正的价值。

---

[30] "它总是有趣的，总是有教育意义"，琼斯在一份有价值的声明中说，"注意他（即诗人）在故事中改变元素的各个方面"（《哈姆雷特父亲之死》，艾迪区·柯兹威尔和威廉·菲利普斯编《文学与精神分析学》[纽约：哥伦比亚大学出版社，1983]，第34页）。

[31] 有人已经注意到这个事实。黄震就批评司马迁为刺客立传。黄震认为，豫让为主人复仇值得表扬，但是，其他人"皆在愚，杀身非人情也"（《黄氏日钞》，四库全书"子部"，第707—708册，46:47a）。

[32] 这个故事有几个好的译本。见杨宪益和戴乃迭译《史记选》（北京：外文出版社，1979），第389—392页。

严仲子与韩国的丞相侠累有仇,想找一个勇士帮他报仇,他听说聂政是个勇士,就去找他。严仲子给聂政母亲送去礼品,动员聂政出山,但是聂政以母亲尚在,还需要自己侍奉,拒绝了严仲子的馈赠。后来,聂政的母亲过世,他不用再尽孝,就想起了之前"深知"他这个"市井之人"的严仲子。聂政找到严仲子,提出了针对严仲子仇敌侠累的复仇计划。严仲子接受了聂政的计划,希望多派一些人协助聂政行刺,但聂政坚持自己独自前去,以免行刺的消息泄露。

司马迁对聂政行刺侠累的动作描述仅仅十个字:"聂政直入,上阶刺杀侠累。"[33]聂政之所以能如此轻易完成刺杀任务,是因为他并未打算在刺杀之后逃走——他愿意为了杀死严仲子的仇人而献出自己的生命。但是,聂政在自己被侠累手下抓捕或杀害之前,用自己作为杀狗的屠夫所具备的技能,"自皮面决眼"。他这种自残的行为,是为了不被识别,避免家人被复仇,这将他狂热的奉献精神和无畏的勇气展现无遗。韩王将聂政暴尸于市,悬赏鼓励大众辨认尸体。

这个故事在《战国策》和《史记》中的版本如此相近,让人相信它们有共同的出处。上面概括的故事包含了对司马迁的读者而言并不陌生的主题:未被认可的才能,对父母的责任,对真正了解并欣赏自己能力的人的忠诚,以及牺牲的勇气——在非常时

---

[33]《史记》卷86,第2424页。

刻以极大的勇气放弃自己的生命。聂政的故事还在继续,司马迁的版本突然开始偏离《战国策》。我们从后者的版本开始:

> 政姊闻之,曰:"弟至贤,不可爱妾之躯,灭吾弟之名,非弟意也。"乃之韩。视之曰:"勇哉!气矜之隆。是其轶贲、育而高成荆矣[34]。今死而无名,父母既殁矣,兄弟无有,此为我故也。夫爱身不扬弟之名,吾不忍也。"
>
> 乃抱尸而哭之曰:"此吾弟轵深井里聂政也。"亦自杀于尸下。
>
> 晋、楚、齐、卫闻之曰:"非独政之能,乃其姊者,亦列女也。"聂政之所以名施于后世者,其姊不避菹醢之诛,以扬其名也。[35]

司马迁关于聂政姐姐的故事,以及她勇敢地辨认聂政残尸的故事如下:

> 政姊荣闻人有刺杀韩相者,贼不得,国不知其名姓,暴其尸而县之千金,乃于邑曰:"其是吾弟与?嗟乎,严仲子知吾弟!"
>
> 立起,如韩,之市,而死者果政也,伏尸哭极哀,曰:"是轵深井里所谓聂政者也。"

---

[34] 贲即孟贲,育即夏育,都是秦武公时期的勇士(公元前697—前677年)。成荆据说是春秋战国时期齐国的勇士。

[35]《战国策》27:7a-7b。"菹醢之诛"是古代中国最恐怖的刑罚之一。她自杀就是为了免于遭受这种刑罚。

> 市行者诸众人皆曰:"此人暴虐吾国相,王县购其名姓千金,夫人不闻与?何敢来识之也?"
>
> 荣应之曰:"闻之。然政所以蒙污辱自弃于市贩之间者,为老母幸无恙,妾未嫁也。亲既以天年下世,妾已嫁夫,严仲子乃察举吾弟困污之中而交之,泽厚矣,可奈何!士固为知己者死,今乃以妾尚在之故,重自刑以绝从,妾其奈何畏殁身之诛,终灭贤弟之名!"
>
> 大惊韩市人。乃大呼天者三,卒于邑悲哀而死政之旁。晋、楚、齐、卫闻之,皆曰:"非独政能也,乃其姊亦烈女也。乡使政诚知其姊无濡忍之志,不重暴骸之难,必绝险千里以列其名,姊弟俱僇于韩市者,亦未必敢以身许严仲子也。严仲子亦可谓知人能得士矣!"[36]

较之于《战国策》,司马迁的故事内容更加丰富,聂政英勇的姐姐成为叙述的中心。在上面引用的《战国策》版本中,聂政的姐姐没有名字,她听到暴尸的消息,到韩国的市场去辨认,在那里,她发表演说赞颂弟弟的美德,然后自杀身亡。她的勇敢被认可,但是在《战国策》中,她没有取代弟弟成为故事的核心人物。

司马迁改变了这点。第一,英雄有了名字——荣。第二,当她辨认出了尸体,她与市场中的人有一段对话,在《战国策》中

---

[36]《史记》卷86,第2525—2526页。

没有记载。在《史记》中,人群的声音,或第三方的声音,通常暗示对事件的"正确"反应,引导读者产生适当的反应。这就是说,读者对荣的英勇行为的反应,就应该和市场上人群的反应一样,不相信她为了相认弟弟而宁愿去死。第三,荣发表了一个演说,在演说中,她解释说聂政一旦因为母亲病故、姐姐出嫁而解脱出来,就一定会为赏识自己的人献出自己的生命。就像他的弟弟必定要为严仲子赴死一样,她也要为弟弟赴死。如果司马迁不是为了尽可能详细地表述他不想忽略的叙事元素,这样的评论在荣的演讲中并无必要。司马迁提供了听众的反应(也是读者适当的反应):他们"大惊"。其他国家的人随后也听说了这个故事,在《战国策》的版本中,他们不仅称赞荣为烈女,而且暗示聂政低估了他姐姐。假如聂政了解并赏识自己的姐姐,就像严仲子对他一样,聂政就不会如此鲁莽行事。

在这里,正如《史记》中其他地方一样,奇怪的或不明确的元素被扩展和放大。聂政最初推迟行动是为了在母亲身边尽孝。他的自残,出于同样的目的,是为了保护他的姐姐,或许也是为了避免赏识他的人被报复,但是他没有预见自己姐姐如此刚烈。司马迁的故事版本引起人们对聂政的质疑,他们并没有怀疑聂政刺杀侠累的事实,而仅仅是质疑他没有充分"了解并欣赏"自己的姐姐。在识人这方面,他没有严仲子的敏锐。在司马迁的版本中,荣无疑是英雄,但群众的声音让人对聂政产生怀疑,即他是否能认清他人,就像他被别人了解那样。

司马迁在叙述这一故事时的重点转移引人入胜，正是荣的行动让叙述成为可能。如果她没有认出弟弟，聂政的名字和他的故事就不会被人知道。聂政揭掉自己的面皮、挖掉自己的眼睛，把自己从历史中抹去，只能作为一位无名英雄被后世传诵——在中国，只有留名后世才能被救赎。荣拒绝让弟弟从历史消失，她披露了弟弟的过去，充当了历史学家的助手。没有姐姐的帮助，无论聂政的所作所为如何英勇，也只能成为司马迁在《伯夷列传》中哀叹的无名英雄中的一员，这些人都未能"附骥尾"而名显。[37] 司马迁致力于从历史中发现被埋没的人，因此，我们毫不意外，他一定会在叙述中重点关注聂荣。

除了英雄被埋没和发掘，以及历史学家在这个过程中的重要作用，在这段叙述中，也有司马迁自己处境的影子。《战国策》和《史记》中的聂政，是一个关于极端行为的故事。聂政不仅报答了知遇之恩，同时也陷入自残和自杀的恐怖场景，司马迁通常在描述死亡场面时惜字如金，却用不同寻常的细节来描述这个怪诞的时刻。聂政不仅明显愿意接受自残，也愿意让自己隐姓埋名——他不关心历史，只关注忠诚。他的姐姐挽救了他的名字，并在自杀前让她和弟弟青史留名成为可能。

司马迁是一位拒绝自杀的历史学家，至少在名垂后世之前他不会自杀。在决定名垂后世这一点上，他化身聂政的姐姐荣，在

---

[37]《史记》卷61，第2127页。

道德上优于那些急于寻死之人和无名之辈。但在他晚年所写的、字里行间充满愧疚的《报任安书》中，我们从他拒绝自杀、接受阉割、等待历史证明的决定中，能感受到矛盾和怀疑。司马迁在写给狱中的朋友的信中说："且夫臧获婢妾犹能引决，况若仆之不得已乎！"[38] 尽管司马迁试图拐弯抹角地给出答案，但是这个令人不安的问题并未完全平息。如同《史记》中其他许多勇士一样，聂政成为迷人但不被选择的符号，因为与司马迁不同，他愿意在一个辉煌时刻，坚定地接受从现在和未来消失。

正如我们在第一个例子中看到的，在《战国策》戏剧性的、有时甚至黑暗的故事中，有足够的空间让司马迁参与那些与他自己的独特故事产生共鸣的主题。我们的第二个例子是，《史记》中关于耻辱、不可能的选择和与死亡最直接的对抗。鲁仲连，《鲁仲连邹阳列传》（卷83）中记载一位战国时期著名的外交家，曾经给被围困的燕国将军写过一封信。这封信有效地总结了司马迁关注的问题，在《战国策》和《史记》中都出现了。这两个版本整体略有不同，就这封信的最终影响而言，司马迁的版本再次与《战国策》的版本有明显差异。

鲁仲连是齐国人。司马迁说他"好奇"，扬雄也这样形容司马迁。鲁仲连凭借高超的外交辞令帮助赵国解除了秦国的邯郸之围。但是此处与我们所关注的情节发生在许多年之后，此时鲁仲连已

---

[38]《汉书》卷62，第2733页。

经功成名就。一位不知道名字的燕国将军，占领了齐国的聊城。但是这位将军在燕国被人诬陷，不敢离开聊城回到燕国。尽管强大的齐国多次试图驱逐他，但是这位将军坚守聊城一年多。鲁仲连当时为齐国效力，他给这位将军写了封信，绑在弓箭上，射入城内。司马迁在叙述中完整引用了这封信，这封信因其说服力而名扬四海。这封信开篇即强调，这位将军如此顽固地困守聊城既不能证明他的忠诚、勇气，也不明智：

> 吾闻之，智者不倍时而弃利，勇士不却死而灭名，忠臣不先身而后君。今公行一朝之忿，不顾燕王之无臣，非忠也；杀身亡聊城，而威不信于齐，非勇也；功败名灭，后世无称焉，非智也。三者世主不臣，说士不载，故智者不再计，勇士不怯死。今死生荣辱，贵贱尊卑，此时不再至，愿公详计而无与俗同。

在他的道德论证和强迫燕将认真思考当前形势并做出重要决定后，鲁仲连继续分析当前的军事形势。鲁仲连分析说，齐国已经制衡了敌人，很快将全力围攻聊城。燕将被警告他自己无法承受这样的压力。而且，燕国已经大乱，无法支持他抵抗齐国举全国之力的进攻。

在描述了燕将的绝望处境之后，鲁仲连给了他两个选择。第一个是"车甲全"而归燕，他的朋友将"攘臂"欢迎他，功业可明。第二个选择是投降齐国,按鲁仲连的说法,他可以从齐国得到封地。提供了这些"有吸引力"的方案之后,鲁仲连回到了原则性问题上。就像在中文修辞中经常出现的那样,原则来自历史先例:

> 且吾闻之,规小节者不能成荣名,恶小耻者不能立大功。昔者管夷吾射桓公中其钩,篡也;遗公子纠不能死,怯也;束缚桎梏,辱也。若此三行者,世主不臣而乡里不通。乡使管子幽囚而不出,身死而不反于齐,则亦名不免为辱人贱行矣。臧获且羞与之同名矣,况世俗乎!故管子不耻身在缧绁之中而耻天下之不治,不耻不死公子纠而耻威之不信于诸侯,故兼三行之过而为五霸首,名高天下而光烛邻国。[39]
>
> 曹子为鲁将,三战三北,而亡地五百里。乡使曹子计不反顾,议不还踵,刎颈而死,则亦名不免为败军禽将矣。曹子弃三北之耻,而退与鲁君计。桓公朝天下,会诸侯,曹子以一剑之任,枝桓公之心于坛坫之上,颜色不变,辞气不悖,三战之所亡一朝而复之,天下震动,诸侯惊骇,威加吴越。[40]
>
> 若此二士者,非不能成小廉而行小节也,以为杀身亡躯,

---

[39] 这一记载丰富了"列传"中春秋战国时期齐国名相管子的形象(见《史记》卷62,第2131—2134页)。管子最初是齐公子纠的老师。管子辅佐公子纠与公子小白争夺齐国政权,公子小白胜利,是为齐桓公,齐桓公欣赏管子的才华,不计前嫌,重用管子为相。关于管子,见 Sidney Rosen, "In Search of the Historical Kuan Chung," *Journal of Asian Studies* 35.3 (May 1976): 431-40。

[40] 曹沫恐吓桓公,收复鲁国土地的故事,见《史记》卷86,第2515—2516页。

绝世灭后，功名不立，非智也。故去忿恚之怨，立终身之名；弃忿悁之节，定累世之功。是以业与三王争流，而名与天壤相弊也。愿公择一而行之。[41]

鲁仲连列举了两个历史人物，一个被囚禁但后来出狱协助自己以前的敌人，另一个曾连续在军事上失败但仍坚持战斗并最终功成名就，他强迫燕将做出选择，书信的内容也到此结束。这封信的内容，《战国策》和《史记》略有不同。而且，两个版本中，燕将读信之后的反应有非常明显的差别：

燕将曰："敬闻命矣！"因罢兵到读而去。故解齐国之围，救百姓之死，仲连之说也。[42]

在《史记》中，司马迁关于这封信的结果的描述，与《战国策》完全不同：

燕将见鲁连书，泣三日，犹豫不能自决。欲归燕，已有隙，恐诛；欲降齐，所杀虏于齐甚众，恐已降而后见辱。喟然叹曰："与人刃我，宁自刃。"乃自杀。聊城乱，田单遂屠聊城。归而言鲁连，欲爵之。鲁连逃隐于海上，曰："吾与富贵

---

[41]《史记》卷83，第2467—2468页。
[42]《战国策》13:2a-3b。

而讪于人,宁贫贱而轻世肆志焉。"[43]

二者的对比清楚地表明,《战国策》主要关注鲁仲连劝说的效果。鲁仲连用高超的雄辩劝说燕将放弃继续固守聊城,在他的劝说生效时,作者终止了叙述,几乎没有告诉我们最终结果。然而,《史记》将焦点从鲁仲连转到燕将身上,详细描述了燕将对这封信慷慨激昂的回应:落泪,犹豫不决,最终自杀。

司马迁充满戏剧性的故事的历史真实性被质疑。吴仁杰(1178年在世)就曾指出,鲁仲连的目的并不是逼迫被围困的燕将自杀,而仅仅是为了诱导他的军队撤出聊城。他进而说:"政将以全聊城之民,而忍坐视屠之?《策》得其实,《史》不可信。"[44]

在这里,一贯被诟病的《战国策》受到饱含历史思想的评论者的赞扬,而经常被称颂的《史记》则被批评不准确。这样的结论,让历史学家司马迁的捍卫者难以接受。捍卫者之一的王叔岷声称司马迁对聊城之围结束的描写一定有文本依据,这种观点或许是成立的。[45]然而,正如吴仁杰已经明确指出的,司马迁关于聊城之围结束的叙述无论有什么样的史料来源,事实表明,仍然存在一些严重问题。《战国策》和《史记》的记载都表明,鲁仲

---

[43]《史记》卷83,第2469页。
[44] 引文见 SKKC 83:18。
[45]《史记斠证》第8册,第2487页。

连劝说的目的是鼓励燕将在投降齐国和返回燕国两种选择之间抉择。他向燕将保证两种选择都能给他带来赞赏、奖励和名垂后世的机会。

因为这封信作为高超辩论的范文被收录于《战国策》中，所以这一结论似乎是适宜的，即燕将被鲁仲连强有力的论证说服，离开聊城。我们没有被告知，他是返回了燕国，还是投入了齐国怀抱。在《战国策》的叙述中，燕将不是叙事的核心，我们只需要知道鲁仲连的信发挥了作用——最终发生在燕将身上的事并不重要。

司马迁的版本改变了叙事的重心。鲁仲连为燕将提供了两种选择，这两种选择都会带来短暂的耻辱，但都有可能让他在后世留名。然而，燕将做了完全不同的选择——自杀。我们已经注意到司马迁在这个主题上奇特的、可以理解的兴趣，因此在一个故事中，选择这样的结果而不是其他或许已被证实的叙事（如《战国策》），可能更加引人入胜。

司马迁关于鲁仲连和燕将故事的关键是，在《战国策》和《史记》中都未出现燕将的名字。尽管他的故事得以保存，燕将的名字却消失在历史的黑暗之中。鲁仲连在信中就这种可能性曾警告过燕将："规小节者不能成荣名。"当然，司马迁在同样的话中看到了自己的困境——在这种情况下，自杀以免得蒙羞是"小节"，而忍受羞辱继续生活并努力"成荣名"，提供了更高尚的选择。司马迁关于伍子胥的分析与此相似——伍子胥没有遵守"小节"死在父亲身边,而是继续活下来履行更忠诚的职责。司马迁和伍子胥、管子、曹沫一样,不愿意"绝世灭后,功名不立"。相比之下,燕将做了这样一个选择,通过他的选择成为司马迁的另一个自我,一个"未走之路"的案例研究。

《史记》中鲁仲连的劝说可能会有一个预期的结果,即聊城占领的结束,但是对燕将来说,这两种选择都不是"有吸引力的"。司马迁消除了《战国策》版本中一个固有问题,即燕将没有名字,也就谈不上蒙羞,但是他又制造了另一个问题,即鲁仲连的劝说,至少在一定程度上失败了。但是,我怀疑,司马迁更关心燕将对困境的反应,而不是鲁仲连巧妙的劝说,他的版本至少临时将我们的注意力从鲁仲连转移到了无名无姓的燕将身上,关注他的犹豫不决、落泪和最终的自杀。

司马迁给了聂政的在恰当的时刻死去的姐姐一个名字。她在揭示了弟弟的名字之后死去,她的名声与自我牺牲以成全别人的声名联系在一起。在某种意义上,她是一个中间环节,完成了揭示过去的任务,现在可以自由地死亡。但是燕将与荣不同,他选择死亡仅仅是为了让自己免于蒙羞。在这两个故事中,司马迁关心的主题是如何死、何时死,他在其他地方直接谈到这个问题:"知死必勇,非死者难也,处死者难。"[46] 司马迁在《报任安书》中

---

[46] 见《蔺相如廉颇列传》卷末的"太史公曰"(《史记》卷81,第2451页)。"处死"这个词可以有不同的理解(如杨宪益和戴乃迭《史记选》,第151页:"赴死不难,难的是面对死亡")。我此处的翻译与吴绍志相似,见《白话史记》(台南,1988),第521页。将"处"翻译为"管理"或"控制",见《中文大辞典》,33305,词条7和12。

谈到了如何死、何时死："人固有一死，或重于泰山，或轻于鸿毛。用之所趋异也。"[47]

在上面两个例子中，司马迁的叙述明显来自《战国策》，他在发现了自己生活和经历的轮廓之处，进行了改编。虽然司马迁大量使用《战国策》中的材料，他自己的文本深受这个有问题的来源的影响，但是司马迁可以根据自己特殊的兴趣对这些早期的叙事进行改写，它们的文学力量也被"加强"。《史记》的传统研究者可能会担心这种"加强"的历史的准确性，就像燕将自杀和聊城被屠这个事件，但事实可能是，司马迁这部伟大的作品，尤其是"列传"部分，与其说它是历史著作，不如说是对早期资料的收集与改编，他被这些早期资料丰富的文学内涵和历史准确性所吸引。

《史记》中对充满戏剧性的战国时期历史的描述，主要依赖《战国策》中的材料，但也有一些明显的例外。郑良树列出了"列传"中涉及的战国时期人物，他对那些直接引用自《战国策》的资料数量的保守估计表明，每一卷之间都有明显差异。《史记》中一些卷次（69，70，71，72，78，79，80，83）完全或主要依赖《战国策》，另一些（73，75，76）较少依赖《战国策》，有一些（74，77，81，82）则与《战国策》完全无关。[48]在最后一类中，有一卷特别有趣，它涉及一个几乎可以被称为"典范"的角色，即被称为"信陵君"的

---

[47]《汉书》卷62，第2732页。
[48] 见郑良树在各章中的统计，《战国策研究》，第179—182页。

魏国公子。[49]关于信陵君,下面有时也翻译为魏公子,《战国策》有几个故事中简单提到过他,但是除了一两行内容可能例外,留存到今天的《战国策》,并不是司马迁记述的基础。[50]

关于信陵君,我使用了"典范"一词,因为他是一个让司马迁觉得亲近的道德典范。在《太史公自序》中,司马迁对《史记》130卷内容每卷都有一句话的概括,他描述信陵君"能以富贵下贫贱,贤能诎于不肖"。[51]司马迁在《魏公子列传》的"太史公曰"中重申了这个主题,他说,信陵君善于与地位低下之人自在交往,在同时代人中出类拔萃:

> 天下诸公子亦有喜士者矣,然信陵君之接岩穴隐者,不耻下交,有以也。名冠诸侯,不虚耳。[52]

在司马迁眼里,信陵君是一个礼贤下士之人。用孔子的话说,他是"不患人之不己知,患不知人也"的典范。[53]

尽管信陵君在一段时间内建立并掌握了巨大的权力,这完全

---

[49]《史记》一些版本把卷77定名为《魏公子列传》,一些版本作《信陵君列传》。《魏公子列传》是《史记》中原名(施之勉,《史记会注考证订补》,第1264页)。他是魏昭王(约公元前295—前277年)的儿子,也是魏女釐王(约公元前276—前243年)的弟弟。

[50]《战国策》10:7a, 20:6b, 21:5b, 25:6a-7a。有一个例外,尽管郑良树没有统计在内,那就是信陵君杀了晋鄙(25:6a),以及关于"物有不可忘,或有不可不忘"的建议(《史记》卷77,第2382页)。

[51]《史记》卷130,第3324页。

[52]《史记》卷77,第2385页。

[53]《论语》1:5a(1.16)。

是因为他善于举贤用能，但是司马迁对他的叙述也体现了这类人经常遭遇的不幸命运：尽管能识人用人，信陵君自己却并未被器重，最终沦为嫉妒者迫害的对象。正如我们在本书第一章中已经看到的，这个主题是司马迁自述的核心，在他看来，他自己就是在为李陵辩护中遭受了不公正对待。他的故事也体现了这一主题的反面。尽管他能赏识其他人，但自己没有被充分认可，最终成为诽谤的受害者。作为直接设定在战国时期关于这个问题有说服力的故事，《魏公子列传》不同于许多其他故事，它与《战国策》没有关系。

司马迁最后以隐晦的方式表达了对《魏公子列传》中英雄的认同，正如我们即将看到的，信陵君善于发现别人的才能。他愿意屈尊俯就赏识有价值的人，让他们发光。在这方面，他就像一个历史学家，特别像司马迁这样的历史学家，司马迁认为自己的主要职责就是记录"明主贤君忠臣死义之士"。[54]

和许多司马迁取材自《战国策》中的故事一样，《魏公子列传》就像一部小说。这种印象并不是来自明显的历史错误和前后不一致，就像马伯乐在苏秦故事中发现的那样，它来自这种叙事展开的方式。书中刻画的人物非常极端，接近夸张，故事中的情景都被精心而巧妙地设计，用来说明司马迁所提倡的美德。信陵君的故事，虽然没有出现在现存的《战国策》中，但它富有想象

---

[54] 引文来自司马谈在洛阳对儿子的临终遗嘱（《史记》卷130，第3295页）。

力的描述与饱受诟病的《战国策》完全一致。真相或许如马伯乐和胡适所指出的那样,在战国和汉初流传着大量浪漫小说,这些浪漫小说抓住了司马迁的想象力,以至于在受敬仰的、长久的"正史"中占据了一席之地。[55]

正如司马迁作品中的惯用套路,《魏公子列传》的第一部分就列出了主人公的主要特征,并明确了后续叙事将塑造的主题:

> 公子与魏王博,而北境传举烽,言"赵寇至,且入界"。魏王释博,欲召大臣谋。公子止王曰:"赵王田猎耳,非为寇也。"复博如故。王恐,心不在博。
>
> 居顷,复从北方来传言曰:"赵王猎耳,非为寇也。"魏王大惊,曰:"公子何以知之?"公子曰:"臣之客有能深得赵王阴事者,赵王所为,客辄以报臣,臣以此知之。"
>
> 是后魏王畏公子之贤能,不敢任公子以国政。[56]

我们在这里了解到,信陵君训练有素的下属,让他拥有了近乎超自然的力量——信陵君所说,与魏王信使得到的信息一模一样!正如经常被提及的,儒家政治理论非常重视使用能臣,以此弥补领导人知识和美德的不足。但是儒家的理想模式被这种认识破坏了,这种认识在司马迁和后来的许多作家身上反复出现,即

---

[55] 关于这种浪漫主义,见胡适的《说史》,1958年首次发表,后转载于《中国史学史论文选集》(一),杜维运、黄进兴编(台北:华世出版社,1980),第1—6页。

[56]《史记》卷77,第2377—2378页。

智者的洞察力总能引起他们想要帮助的人的恐惧和嫉妒:我们被告知,"是后魏王畏公子之贤能"。

随着信陵君故事的展开,我们看到一个又一个例子,说明他因举贤用能而获得的好处。另一个是侯嬴的故事。信陵君听闻侯嬴是位"隐士",尽管侯嬴最初对信陵君颇为无礼,但是他仍然对这个年老贫穷的看门人彬彬有礼。侯嬴最终回报了主人,他献计帮助信陵君解除了秦国对邯郸的包围,为信陵君赢得了诸侯的赞誉。第二个是关于魏王妻子的小故事,她为了报答信陵君之前帮助她复仇的恩惠,偷了魏王用来辖制将军晋鄙的兵符挟持将军。信陵君有了兵符就能调动解救邯郸之围的军队。第三个是朱亥的故事,朱亥是市场上的屠夫,侯嬴向信陵君推荐朱亥,说他"世莫能知"。朱亥随同信陵君入将军晋鄙军营,在晋鄙不认信陵君兵符时,朱亥击杀了晋鄙。第四个是无名门客的故事,这个门客警告信陵君不要得意忘形,避免误入歧途。最后是处士毛公和卖浆者薛公的故事,他们机智地劝说信陵君返回魏国,不再对魏国的危险局面袖手旁观。在这些贤能之士的帮助下,信陵君"威振天下"。[57]

信陵君的高光时刻是他打败了秦军,解了赵国的邯郸之围。此举也让他赢得了赵王的赏识和另一位以"养士"著称的平原君的敬佩,"赵王再拜曰:'自古贤人未有及公子者也'。当此之时,

[57]《史记》卷77,第2384页。

平原君不敢自比于人"[58]。但是，在本卷的第一部分，信陵君的危险就已经显露端倪——真正德才兼备的人必然会被猜疑和嫉妒。就像司马迁遭遇的一样，这种嫉妒常常来自恶毒的诽谤者：

> 秦王患之，乃行金万斤于魏，求晋鄙客[59]，令毁公子于魏王曰："公子亡在外十年矣，今为魏将，诸侯将皆属，诸侯徒闻魏公子，不闻魏王。公子亦欲因此时定南面而王，诸侯畏公子之威，方欲共立之。"
>
> 秦数使反间，伪贺公子得立为魏王未也。魏王日闻其毁，不能不信，后果使人代公子将。公子自知再以毁废，乃谢病不朝，与宾客为长夜饮，饮醇酒，多近妇女。日夜为乐饮者四岁，竟病酒而卒。其岁，魏安釐王亦薨。[60]

这样，一个知人善任却不被别人赏识的生命就此结束了。《史记》中这个主题出现次数最多，它常常让司马迁陷入失落和绝望之中。

---

[58]《史记》卷77，第2381页。平原君自己因为养客而著名。司马迁讲了关于他的极端的故事：平原君家楼临民家。民家有躄者，槃散行汲。平原君美人居楼上，临见，大笑之。明日，躄者至平原君门，请曰："臣闻君之喜士，士不远千里而至者，以君能贵士而贱妾也。臣不幸有罢癃之病，而君之后宫临而笑臣，臣愿得笑臣者头。"平原君笑应曰："诺。"躄者去，平原君笑曰："观此竖子，乃欲以一笑之故杀吾美人，不亦甚乎！"终不杀。居岁余，宾客门下舍人稍稍引去者过半。平原君怪之，曰："胜所以待诸君者未尝敢失礼，而去者何多也？"门下一人前对曰："以君之不杀笑躄者，以君为爱色而贱士，士即去耳。"于是平原君乃斩笑躄者美人头，自造门进躄者，因谢焉。其后门下乃复稍稍来。（《史记》卷76，第2365—2366页）

[59] 魏国将军晋鄙之死，应由信陵君负责。

[60]《史记》卷77，第2384页。

著名的说客邹阳（公元前206—公元前129）也表达了同样的失落和绝望，他是一位司马迁年轻时仍然在世的天才。尽管邹阳是西汉时期的人，但是司马迁将他与鲁仲连放入一个合传，并且与主要属于战国时期的人物为伍。就这一点看，邹阳或许已经被归入了战国纵横家，他在辩论风格和内容上深受《战国策》修辞的影响。[61]

由于公孙诡、羊胜的陷害，邹阳被梁王投入了监狱。[62]在狱中，他上书梁王，这封信让他成功获释，并被《史记》全文收录。这封信的风格吸引了司马迁，毕竟，邹阳"用了四十二个历史先例来表达他的观点"。[63]但最终，一定是这封信的内容及对这封信的共鸣，引起了司马迁的注意。

这封信一开始就否定了忠诚必然有回报的观点："臣闻忠无不报，信不见疑，臣常以为然，徒虚语耳。"[64]忠而无报是因为成功总能招致诽谤，大多数的统治者都不够明智，不能识别谎言："故女无美恶，入宫见妒；士无贤不肖，入朝见嫉。"邹阳认为，诽谤的力量是毁灭性的，"众口铄金，积毁销骨也"[65]。

---

[61] 关于将邹阳归入纵横家，见《汉书》卷30，第1739页。关于《战国策》对邹阳文风的影响，见 Eva Chung, "A Study of the 'Shu' (Letters) of the Han Dynasty (206 B.C.- A.D. 220)" (Ph.D. diss., University of Washington, 1982), pp. 277-79。她说，她的大部分信息都依赖于康达维教授一篇未发表的论文。

[62] 见《汉书》卷47，第2210页；卷49，第2276页；卷51，第2353页。

[63] Eva Chung 统计过这些典故（"A Study of the 'Shu' (Letters)," p. 277）。

[64]《史记》卷83，第2470页。

[65]《史记》卷83，第2473页。

邹阳的信中也列举了一些聪明士人的例子，他们克服了不愿尽忠的本性——事实上，他的上书让他获释——司马迁的故事中也有许多明君公正对待大臣的例子。然而，《史记》中最令人难忘的那些人物的经历，如信陵君、屈原、孔子等，他们虽然都提供了有价值的智力服务，却都没有得到好的结果。或许司马迁文本中的终极绝望，可以在《史记》的历史根据中找到，他在《伯夷列传》中的结论是正确的：没有真正的正义。

司马迁自己的人生问题，我们在本章中探讨的出现在战国时期某些叙述中的那些问题，贯穿《史记》全书。就像聂政的姐姐，司马迁用自己的一生照亮过去的英雄，并以此实现自赎。和燕将不同，他会背弃"小节"，否则他无法带着耻辱苟活于世并实现自赎。明显的，司马迁陷入了深深的绝望，在《伯夷列传》中发出了绝望的信号，即他无法充分欣赏和赞美过去所有有价值的人。这是孔子二世面临的困境，孔子曾经说过："不患人之不己知，患不知人也。"这是一位冷静的孔子所说的话，他似乎甘于为了彰显别人的美德而一生默默无闻。"君子疾没世而名不称焉"，这是另一个孔子说的话，追求一种只有被别人认识和欣赏才能实现的不朽。

解决这个冲突的办法，是成为一个因赏识他人而被别人赏识的人。这是信陵君走过的道路，也是聂政姐姐走过的道路，只是方式完全不同而已。这同样是司马迁选择的道路，正如他在其他地方曾说过，他将"附骥尾"。在司马迁的书中，仍存在一种让人难以忍受的恐惧,这来自他的叙述中经常提及的面对不公正的恐惧。邹阳以如此痛苦直白的方式表述的不公,也将颠覆司马迁的希望。就在司马迁对他的挚友任安表达了最肯定、最感人的期望之后,黑暗的绝望再次聚集,司马迁对未来赎罪的希望与担心自己现在正遭受的耻辱将被不公正地延续"千秋"的恐惧之间的强烈反差再次被揭示:

> 仆诚已著此书,藏之名山,传之其人通邑大都,则仆偿前辱之责,虽万被戮,岂有悔哉!……虽累百世,垢弥甚耳!是以肠一日而九回,居则忽忽若有所亡,出则不知所如往。每念斯耻,汗未尝不发背沾衣也。[66]

---

[66]《汉书》卷62,第2736页。

第六章　思想者或讲述者

于是大风从西北而起……逢迎楚军。楚军大乱,坏散。

——《史记》

身死东城,尚不觉寤而不自责,过矣。乃引"天亡我,非用兵之罪也",岂不谬哉!

——《史记》

在前几章中,我试图揭示司马迁作品中的矛盾与模糊性,这是《史记》有时颠覆或者至少是极度复杂化其论点的倾向。在导言中,我将这种倾向归结于司马迁作品中巨大的文学广度。作为关于过去的百科全书的作者,司马迁接纳全部的、多元的文本传统,无法坚持一个明确的、一以贯之的认识。除了司马迁为自己设定的这个艰巨任务所固有的问题之外,我还注意到,某些心理上的紧张可能同时把他的叙述推向相反的方向。当然,上述观点没有一个是全新的认识。三十年前,华兹生就发现司马迁的"作品,无论如何被改造,都不会有一个系统的观点"。[1]事实上,很

---

[1]《司马迁:中国伟大的历史学家》,第151页。

多中国学者关于《史记》的众多批评都已指出，司马迁的历史观和哲学观存在这样的或那样的矛盾。

文本的一致性是现代文学批评家和理论家相当关注的问题之一。他们中的一些人坚持文本的一致性，认为一个单一的、清晰的思想是一部文学作品的灵魂。但除了当代文学中的这个争议，研究中国文明的学者还注意到，在中国文化的一系列表述中，存在一种"碎片化"趋势。无论是考虑到早期中国神话碎片化的结构，以抒情而非史诗开始的文学传统，中国山水画是自然的"碎片"，而非"构图"，中国诗读起来是一个瞬间的表达，而不是一个需要"隐喻理解"的普遍申明，还是其他一系列文化现象，包括历史的构建，这个特殊的问题一再出现在中国文明的学术研究中。[2]

在最近一项极具争议的研究中，郝大维和安乐哲讨论了碎片化问题，并将西方强调的"理性与逻辑顺序"与中国强调的"审

---

[2] 关于这个问题的参考书目很多，这里我只列相关的几种著作。一篇非常重要、有广泛意义的文章，见 Jaroslav Prosek, *Chinese History and Literature*, pp. 17-34。卜德曾说过中国神话"零散"的本质，但他似乎确实相信，中国神话有原创，但现在失去了"统一性"，见《中国古代神话》，塞·诺·克雷默编《世界古代神话》（花园市：锚版图书，1961），第370、376页。相反，Anne Birrell 认为中国神话的"无定形、凌乱"的本质是经过简化的，比西方的《伊利亚特》和《奥德赛》更真实（*Chinese Mythology: An Introduction* [Baltimore: Johns Hopkins University Press, 1993l, pp. 17-18）。对上述的中国山水画的描述，见 Michael Sullivan, *The Arts of China* (Berkeley: University of California Press, 1984), p. 156。将中国的抒情诗作为一个非虚构表达，见宇文所安《传统中国诗歌和诗学》（麦迪逊：威斯康星大学出版社，1985），第12—53页。"隐喻理解"这个词来自宇文所安（第23—24页）。嘉德纳在他的中国史学经典研究中，提到了中国史学写作的"原始"本性，即"对文本完整性的尊重如此强烈……往往没有人试图协调因此被放在一起的记录"（《中国传统史学》[剑桥，麻省：哈佛大学出版社，1938]，第71页）。

美秩序"进行了对比。他们认为，在中国人的认识体系中，多元优于统一、分离优于结合。[3]充分考虑郝大维和安乐哲的论题，我将从自己面临的问题上被带偏，他们和研究西方传统的中国人一样，都在中国文化领域发现了这种"多元性"和"分离性"。从这个角度看，本书与其他作品中所讨论的司马迁文本中的不一致性和碎片化，就不足为奇了。

无论对这些问题有什么样文学的或是文化的阐释，我们不得不承认，司马迁邀请他的读者在他的作品中寻找一致性，他的著述宗旨是"究天人之际，通古今之变，成一家之言"。[4]阮芝生教授将这段话总结为"三个金句"，鼓励读者在司马迁浩瀚的著作中寻找一个清晰的有条理的学术观点，即"一家之言"。[5]

然而，在检查司马迁"金句"中陈述的三个目标的实施情况之前，有必要简单评论下这个句子。首先，中文"究"的字面意

---

[3] 见《通过孔子而思》，第136页。当然，中国哲学的这一特点很早就被注意到，并被一些人认为是"失败的"。一篇重要但有点过时的文章，见德效骞《中国人在产生哲学体系方面的失败》，《通报》26（伦敦，1929），第98—109页。在文中，他抨击了 H. Hackmann 观点，即汉语的本质不允许有系统的哲学。德效骞接着把中国人的"失败"归因于中国人的"实用态度"，忽视了中国人把数学发展成一门纯科学，以及儒学作为一种威权主义的国家哲学过早确立。在对中国古典哲学的杰出研究中，葛瑞汉反对像德效骞这样的极端主张，他指出："古代中国人比他们过去看起来要理性得多。"但葛瑞汉继续总结了中国人对理性系统的态度，他指出："理性是关于手段的问题；对于你生命的目的，请倾听格言、榜样、寓言和诗歌……在中国的价值尺度上，孔子、老子的至理名言不可避免地占主导地位，墨子、韩非的实践理性居于次要地位。"(*Disputers of the Tao* [La Salle, Illinois: Open Court, 1989], p. 7)

[4] 《汉书》卷62，第2735页。

[5] 《试论司马迁所说的"通古今之变"》，《中国史学史论文选集》（三），第185页。张大可对这句话也进行了详细的分析（《史记研究》，第22—35页）。

思是"详尽的讨论"。[6]"究"通常意味着对一个特定问题的彻底分析。其次，我把"际"翻译为"边界"，与其说是一个分界点，不如说是事物相遇或交汇的点。"际"最初的意思，许慎（公元30年—124年）解释为两墙相交的角落。[7]通过这个词，司马迁承认天与人在历史结构中的相互作用。最后，我对"三个金句"中最后一句的翻译，与华兹生和沙畹略有不同。"一家"，我翻译为"单个学派"，华兹生翻译为"一个家庭"，沙畹翻译为"一个作者"。[8]很难证明上述翻译孰优孰劣，我选择"单个学派"，因为它回应了司马谈著名的《论六家要旨》。正如我们在最前面的讨论中所揭示的，司马谈试图通过《论六家要旨》在不同的思想流派中找到一个统一的基础——他本质上是一个兼收并蓄的人，认为道家足够广泛，可以吸收各主要学派的所有"优点"，规避他们的缺点。我相信，司马迁也是在具体的历史中寻求一个统一的基础。[9]

学者们研究司马迁"天人之际"思想，得出了各种各样的结论。如，文崇一认为司马迁是董仲舒的忠实门徒，他相信司马迁和他的老师一样，认为天人之间有复杂的互动，在一个领域内发

---

[6] 见《说文解字诂林》，第3295b页。
[7] 同上书，第6516页。
[8] 华兹生《司马迁》，第66页；沙畹，*Memoires*，第cxxxvii页。
[9] 我的论点来自白寿彝《说"成一家之言"》，刘乃和编《司马迁和史记》（北京：北京出版社，1987），第31—40页。张大可的观点基本相同。他认为司马迁的目的是"通晓百家之道，建立新的统一的思想体系"，同上书，第30页。

生的一切必定在另一个领域产生反应或回响。文崇一认为，司马迁对上天是否公正的怀疑是暂时的，并没有否定他对"天地合一"学说的绝对信仰。[10]

徐复观不同意这种解释。他注意到了董仲舒天人合一的著名理论，并明确指出司马迁"受这一流派思想影响很小"。对司马迁而言，天只不过是他用来解释超越人类理解的神秘力量。它与命运一样，是一种专断和反复无常的力量，有时会挫败人类的期望。尽管徐复观没有这样对比，但是他认为，司马迁哲学意义上的"天"，容易让人想到荀子。[11] 李少雍做过这样的对比，他称司马迁的天道观是"唯物主义"。[12]

对司马迁天道观截然不同的解释，其根源是存在于《史记》篇章中的矛盾，这是两个司马迁之间的矛盾，一个是作为孟子—董仲舒学术传统的继承者的司马迁，他们将天与地紧密结合成一个系统；一个是作为百科全书式历史学家和叙事的行家的司马迁，他察觉并欣赏到太多的复杂性，以至于无法维持这样一个有序的理论。[13] 司马迁的《天官书》（卷 27）肯定了天体运动与人类命

---

[10]《论司马迁的思想》，《史记论文选集》，第 37—41 页。
[11]《论史记》，《中国史学史论文选集》（三），第 88—95 页。荀子的观点见《天论》（第 17 章，四部备要本，11:9a-15a），如，他说："不为而成，不求而得，夫是之谓天职。如是者，虽深，其人不加虑焉；虽大，不加能焉；虽精，不加察焉；夫是之谓不与天争职。天有其时，地有其财，人有其治，夫是之谓能参。舍其所以参，而愿其所参，则惑矣。"德效骞译《荀子选译》（伦敦：东方书店，1928），第 174—175 页。
[12] 李少雍《司马迁传记文学论稿》，第 24 页。
[13] 张大可讨论了这种"不一致"，指出虽然司马迁有时倾向于"天命"和"老师"董仲舒的理论，在他对历史运动的具体叙述和对人类的评价中，我们看不到天命论的影子

运之间存在密切的、可以理解的关系的学说。在这篇文章中，司马迁的结论是，"未有不先形见而应随之者也"。[14] 张大可发现，无论司马迁如何自信地将其作为一种理论进行陈述，他从未将之运用于实际的历史事实中。司马迁对秦的兴起与秦最终统一中国的叙述就是一个明显的例子，这是中国历史上最重要的历史事件之一。司马迁在叙述和思考这一历史上的重大事件时，任何来自一个深不可测的、公正的、与人类世界产生共鸣的天的信心都会消失，而历史学家只留下了一个概念，即天是一种超越人类理解的力量：

> 论秦之德义不如鲁卫之暴戾者，量秦之兵不如三晋之彊也，然卒并天下，非必险固便形埶利也，盖若天所助焉。[15]

在其他地方，当考虑到秦的成功，他又找不到能支撑这种成功的战略和政治理由时，司马迁感慨地说，"岂非天哉！岂非天哉！"[16] 很明显，上天帮助了秦，但是司马迁找不到秦获得上天帮助的理由，也找不到天地"合一"的自然的、可理解的共鸣。

司马迁的第二个宗旨"通古今之变"，也存在类似的解释问

（张大可《史记研究》，第25页）。

[14]《史记》卷27，第1349页。沙畹"天上的幻影从来没有发生过，但随之而来的却是与之相对应的事件"（*Memoires*, vol. ill, p. 408）。

[15]《史记》卷15，第685页。

[16]《史记》卷16，第760页。

题。司马迁在意识形态上信奉历史周期理论,但在处理特定历史事件时,他并未始终以自己的理论为指导。这种理论与实践的再次脱节,导致专家们对司马迁关于变化进程的认识产生了截然不同的观点。一些专家认为司马迁确实相信周期性的转变,他们经常引用《史记》中两段材料来支撑自己的观点:

(1) 夫天运,三十岁一小变,百年中变,五百载大变;三大变一纪,三纪而大备:此其大数也。[17]

(2) 夏之政忠。忠之敝,小人以野,故殷人承之以敬。敬之敝,小人以鬼,故周人承之以文。文之敝,小人以僿,故救僿莫若以忠。三王之道若循环,终而复始。[18]

这两段材料中描述的周期似乎使变化的过程成为一个封闭的系统,导致真实的转变显得虚幻。但是正如我上面提到的,在《史记》中,上面提到的周期性没有一种被运用到实际历史事件中。事实上,施丁和徐复观都探讨过这个问题,他们认为这些段落对理解司马迁的历史解释帮助不大。事实上,施丁认为司马迁对历史的处理清楚地传递了这样的信念,"历史阶段性变化,而不是历史周期理论"。[19] 施丁认为,上面引用的段落的存在,恰恰说

---

[17]《史记》卷27,第1344页。
[18]《史记》卷8,第393—394页。
[19]《论司马迁的"通古今之变"》,《司马迁研究新论》(郑州:河南人民出版社,1982),第40页。

明司马迁不仅在叙事方面是百科全书式作家,他在理论方面也是百科全书式作家。因此,司马迁自由地从过去的观点中进行分类和选择,并用它们来解释特定的历史事件,而不是把这些观点锻造成一种一以贯之的历史理论。

当然,人们不需要发现历史周期,就可以主张某些变化原则的存在。阮芝生在一项关于《史记》的深入研究中提出了一系列这样的原则,司马迁可能没有形成一个连贯的变化哲学,但它至少可以被视为海登·怀特(Hayen White)所说的"假定的历史解释法则"。[20] 阮芝生指出,司马迁有时公开引用这些法则,有时只是简单地把它们嵌入故事本身的事件中。下面是三个最重要的例子:

(1)变化遵循一种有机的模式。例如,繁荣昌盛总是预示着衰败的开始。司马迁说:"物盛而衰,固其变也。"[21] 这种自然的历史概念构成了最基本的规律,并合乎逻辑地引出了下面两个原则。

(2)正如有机的模式所暗示的,只有从始至终地考察时间、制度和人,有意义的变化才能被感知——用司马迁的话说,即"原始察终"。因此,要想完整、忠实地记录变化,就必须仔细观察有机体的整个生命过程。因此,司马迁选择写一部通史,并将

---

[20] 见《元史学》(巴尔的摩:霍普金斯大学出版社,1973),第 11 页。

[21]《史记》卷 30,第 1442 页。正如大家所注意到的,司马迁对自己时代的繁荣的赞美可以看作是对即将衰落的警告。汉武帝的政策可能带来了汉代政治发展的高峰,但是根据有机模式,堕落的种子总是隐藏在最伟大的荣耀的时刻。

其进一步分成更小的有机单元：特定朝代、封建家庭的编年史，某些制度的历史考察，人物一生，等等。司马迁从终到始的叙述，是强调从结束的角度来理解开始。换句话说，开始就暗示着结束。

（3）变化，即有机体的老化，是渐进的，通常直到这个过程出现惊人的极端现象时才被注意到："臣弑君，子弑父，非一旦一夕之故也，其渐久矣。"[22]

这些变化的原则，无论多么普通，以及司马迁天人之际的思想，无论多么不一致，都是司马迁"一家之言"的组成部分。正如我之前指出的，司马迁敏锐地意识到，在孔子伟大的文化整合之后，文化发生了不幸的裂变。孔子二世写作《史记》是为了整合文化。但是这种整合，不能见诸"空言"，而要付诸行事。就像孔子之前做的那样，司马迁将为后人提供一个明确的指引。司马迁说，儒者批评同时代的学者"断其义，驰说者骋其辞，不务综其终始"。[23]司马迁似乎认为，只有关注具体的历史事件，把它们放在全时段范围内考察，才能形成一个新的、有韧性的学派。

过去那些具体的历史事件是通过叙事呈现的，通过这些叙事，正如我们之前看到的，司马迁的作品与他孜孜以求的单一的连贯的学派相比，既少了很多，也多了很多。这位文学天才在自己所讲述的故事中看到了复杂性、矛盾性和模糊性，最终颠覆了自己

---

[22]《史记》卷130，第3298页。我受益于阮芝生的《试论司马迁所说的通古今之变》，很多例证来自于这篇文章。

[23]《史记》卷14，第511页。

"假定的原则"——某种意义上,他丧失了对文本的控制。司马迁关于刘邦、项羽争夺中国的史诗般斗争的描述,为这个观点提供了强有力的例证,这也是司马迁最著名也是最有争议的故事之一。[24] 然而,在对描述这场斗争的篇章(卷7和卷8)进行分析之前,必须先讨论两个问题。第一个问题,有点偏离了中心议题,是一个被广泛讨论的话题,即司马迁为什么把项羽放在"本纪"而不是"列传",或者,最多也就是放在"世家"。第二个问题,对我们目前正在研究的问题来说,是一个更重要的问题,即司马迁关于秦汉之际的叙述,在多大程度上仅仅只是引用了现已失传的《楚汉春秋》。

唐代的刘知幾,司马迁众多批评者中的一个,有如下的分析:

> 如项王立传,而以本纪为名,非惟羽之僭盗,不可同于天子;且推其序事,皆作传言,求谓之纪,不可得也。[25]

刘知幾和他的一些追随者认为,司马迁对《项羽本纪》分类不当,就像在我们讨论中占有重要地位的另两卷一样,即《孔子世家》和《伯夷列传》。这些学者认为,项羽从未称帝,也不在王朝序列中,他不应被放在"本纪",而应在"列传"中,班固后来就把项

---

[24] 在《史记》中,刘邦有时被称作"沛公""汉王"或"高祖"。为了简单,我称他"刘邦",当我翻译司马迁的话时,我用司马迁使用的称谓。

[25]《史通通释》,第46页。在《史通》其他地方,刘知幾非常肯定地强调"项羽僭盗而死……安得讳其名字,呼其王者乎?"(同上书,第42页)

羽放在列传中。[26] 但是，正如其他研究者指出的，司马迁的"本纪"部分，并不只是收录合法的王朝继承者。相反，司马迁认为，"无论帝国的权力中心在哪里，掌握帝国权力的人就应该进入'本纪'"。[27] 司马迁将项羽放入"本纪"，就是对这位楚国将军实际执政六年的承认，在这六年中旧王朝灭亡了，新的王朝尚未建立。

第二个问题更关键。正如我们前面看到的，司马迁经常大段引用早期文献，也不注明出处。这些现在尚存的早期文献，如《左传》《战国策》，我们可以将其与《史记》对比，找到司马迁使用和改编这些材料的痕迹，并顺藤摸瓜地发现《史记》与这些被直接引用和改编过的早期文献材料之间的关系。但当我们研究项羽的"本纪"以及他死对头刘邦的"本纪"时，这种方法失效了。班固认为司马迁关于这一时期历史的主要资料来源是陆贾的《楚汉春秋》，但不幸的是，这部重要文献到南宋时期就失传了[28]。因此，我们无法准确地弄清楚，司马迁关于秦亡汉兴这段历史的记载有多少直接来自陆贾的著作。然而，我相信，有令人信服的证据表明，《史记》对《楚汉春秋》的直接引用或间接引用，远远低于司马迁对《左传》《战国策》引用的程度，我们在前面的部分讨

---

[26] 见《汉书》卷31，项羽与其他反秦人物陈涉并列其中。

[27] 引自张昭，进一步讨论，见 SKKC 7:2。

[28] 班固的叙述，见《汉书》卷62，第2737页。在《史记集解》序的注释中，司马贞，他毫无疑问是看见过《楚汉春秋》，告诉我们《楚汉春秋》的大致范围："记项氏与汉高祖初起，及说惠文间事。"金德建总结了《楚汉春秋》的历史，并提出一个有趣的观点，他认为这部书最初的名字是《新语》，后来被陆贾用到另一部书上，见《司马迁所见书考》，第320—327页。

论过这两部文献。[29]但在某种程度上，这样的问题无关紧要。正如我们在前面已经提到的，司马迁负责选择叙事以保证文本的完整，而这些选择，即使只是引用了少量的旧材料，也是司马迁意图的反映。

在这两卷"本纪"中，我们关注人物主体个人的生活，因此，它们与"列传"中绝大多数篇目在形式上很接近。[30]第一篇《项

---

[29] 这一结论的第一个证据是一直固执己见的刘知幾的陈述。刘知幾生活的时代，《楚汉春秋》还存在，他显然仔细研究了文本。他比较两个文本，并指出"马迁《史记》，采《世本》《国语》《战国策》《楚汉春秋》"（《史通通释》）。刘知幾知道班固已经将《楚汉春秋》作为《史记》重要资料来源，他很惊讶司马迁如此经常偏爱陆贾的叙述。第二个支持我的结论的证据是，考察《史记》三家注中对《楚汉春秋》的记载，三家注是在《楚汉春秋》失传之前完成的。如果司马迁的文本与《楚汉春秋》紧密相关，我们可以期待这一事实会在这些对早期资料的评论中得到反映。然而，在《项羽本纪》和《高祖本纪》（百衲本）150页中的三家注只有十条材料涉及《楚汉春秋》。这与同一注释中司马迁对《战国策》引用的频率完全不同。例如，《刺客列传》（卷86）中引用的《战国策》的情况，每页的三家注中对其的引用率大约为1.5次。我相信注释者对文本和其"来源"之间不可避免的细微差异表现出如此少的关注，正是因为这两种叙述是如此不同，以至于不值得像《战国策》中的叙述那样进行仔细的比较。第三，如果把现存的《楚汉春秋》的部分与《史记》的相应部分作一比较，就会发现两种资料的一致性是如此之少。一个引人注目的例子是项羽著名的《垓下歌》，它在两个资料来源中完全不同。此外，《楚汉春秋》对刘邦入关的记载，是司马迁所无法比拟的（关于《楚汉春秋》残存部分的收集整理，见洪颐煊《经典集林》，百家丛书版，第10章）。最后，考察班固对司马迁资料来源的论述，我们可以发现，他使用了三个不同的动词来表示司马迁对早期文本的依赖类型和程度。对《左传》和《国语》，使用了动词"据"，这个动词准确地反映了我们在第4章中注意到的那种改编。对《战国策》和《世本》，动词是"采"，这是表示"选择"或"引用"。另外，这也同样符合我们在第5章中看到的情况。但班固说，司马迁"述"《楚汉春秋》。这意味着，我相信，他利用了早期的资料，但没有广泛地引用。相反，他讲述了在早期作品中发现的同样的事件，但根据其他资料或自己的文学敏感性，他可以自由地修改自己的版本。

[30] 关于这种相似性，李少雍指出："实际上，《秦始皇本纪》以下七个本纪，都是记某一帝王的一生活动，与列传同属人物传记，没有多少区别。"（《司马迁传记文学论稿》，第5页）《项羽本纪》的这一特点，让刘知幾十分困惑。

羽本纪》堪称文学杰作，第二篇《高祖本纪》，总的来说，平淡无奇。这两篇在文学价值上的差异值得注意，在《史记》其他地方也有类似的例子。例如，精彩绝伦的《李将军列传》（卷109），是《史记》中最生动、最富感染力的篇目之一，它与司马迁对与李将军同时代的卫青、霍去病的平淡无奇的描写形成鲜明对比，后两位"列传"的内容几乎完全引用干巴巴的册封和悼词，几乎没有突出这两位重要历史人物的个性。项羽和李将军是两位以悲剧收场的戏剧性人物，但正是这类人物激发了司马迁的想象力；而刘邦、卫青和霍去病是历史的胜利者，他们一贯缺乏能激发司马迁创作美文的魅力和"奇"。

项羽和刘邦的形象对比，以及这种对比中所蕴含的意识形态问题，或许在三个地方表现得最为明显，在这三个地方，两种叙事表现出明显的，我认为是故意的相似性。第一处发生在两位主人公早年生活中，他们当时都看到了秦始皇，这位统一中国的残暴统治者。第二处包含两首歌，第一首是项羽失败时自编自唱，第二首是刘邦在胜利狂喜时自编自唱。第三处是司马迁的评论，这两卷与《史记》中其他地方的"太史公曰"形式相同，但在这两卷中，司马迁通过"太史公曰"解决两种叙事的核心问题。我们下面的重点将是《项羽本纪》《高祖本纪》中体现这种高度相似性的三处地方。

年轻的项羽被带去看秦始皇，当时秦始皇巡游全国，正好路过会稽。司马迁描述了当时的场面："梁与籍俱观。籍曰：'彼可取而代也。'梁掩其口,曰:'毋妄言,族矣!'"[31]刘邦也恰好看到了秦始皇,但与项羽目睹了秦始皇巡游不同,刘邦是在秦都咸阳看到了秦始皇。司马迁描述了刘邦看到秦始皇的反应:"喟然太息曰:'嗟乎,大丈夫当如此也!'"[32]

司马迁将这两个故事放在他们"本纪"的开头,渲染了两位主人公的根本差异,这种差异将在这个故事中产生深远影响。项羽本质上是个实干家,一个付诸行动的人——他相信他能"取"而"代"之,在这里和全篇叙述中,项羽都在落实"取"和"代"。相反,刘邦是一个静态的人物,他传递的不是行动,而是成为皇帝这样一种存在。年轻的项羽注重行动的可能性,而青年刘邦看重的是皇帝的荣耀。

项羽无所畏惧的勇气、行动的欲望,在上面的情节中就是一个简洁的预示,也贯穿于他的"本纪"中。这一特点使故事生动活泼,并赋予它惊人的文学力量。在上面讨论的情节之前,司马迁已经描述了项羽不安分的性格:

> 项籍少时,学书不成,去学剑,又不成。项梁怒之。籍曰:"书足以记名姓而已。剑一人敌,不足学,学万人敌。"于是项梁乃教籍兵法,籍大喜,略知其意,又不肯竟学。[33]

---

[31]《史记》卷7,第296页。
[32]《史记》卷8,第344页。
[33]《史记》卷7,第295页。

司马迁在这里描述项羽不能学习写字、剑术和兵法，随着叙述的进行，这种描写与其说是呈现历史事实，不如说是为了突显这个英雄的鲁莽性格。毕竟，在紧接着批评项羽剑术不精的叙述之后的故事中，项羽在一次战斗中单枪匹马杀死近百人。此外，在项羽的故事结束时，一个情节还展示了他非凡的战斗能力。这些叙述表明项羽并非不精于剑术。而且，项羽作为军事统帅，虽然不是没有失误，但在很大程度上是极其成功的。他的最终战败，至少司马迁所描述的，主要是因为冲动和过度的激情，而不是缺少军事谋略。

正是司马迁在叙述最前面所描写的冲动和激情，引发了项羽无数极端的暴力行径。刘邦经常宽恕那些抵抗他的城内的居民，而项羽屠杀每一个阻挡他的人。例如，项羽第一次军事大捷后，他屠杀了襄城的居民，就因为他们"坚守"。[34] 第二次大捷，他"攻城阳，屠之"。[35] 司马迁的叙述中还有很多描述项羽暴行的例子，其中最著名的或许就是他火烧咸阳。咸阳是秦的都城，刘邦之前曾占领咸阳，他对待咸阳的态度相当温和，而"项羽引兵西屠咸阳，杀秦降王子婴，烧秦宫室"。[36] 关于这一臭名昭著的事件，更多的细节出现在《高祖本纪》中："项羽烧秦宫室，掘始皇帝冢。"[37]

---

[34]《史记》卷7，第299—300页。
[35]《史记》卷7，第302页。
[36]《史记》卷7，第315页。
[37]《史记》卷8，第376页。这件事之所以引起人们的兴趣，是因为国内外的学者都在等待秦始皇陵的发掘，这一事件可能会揭示项羽对陵墓的破坏程度。

在司马迁的叙述中,我们可以从反复的暴力行为中推测出,支配项羽情绪的是"怒",他在不同场合都表现出了这种情绪。这种愤怒产生了一种几乎无人可挡的可怕力量。事实上,项羽愤怒的眼神和凶狠的责骂足以吓跑勇士,甚至还有一次,他恶狠狠的凝视和愤怒的声音吓得一位"侯"和他的战马逃了"数里"。[38]

就像我在前面所说,与其说刘邦是通过行动表达的人,不如说他是以某种存在状态为特征的人。与这种描述相对应,他受自然规律和命运的支配。在描述项羽与刘邦冲突的开始,司马迁确立了一个事实,即刘邦作为天子的地位是上天认可的。刘邦最终的胜利与其说因为他的所作所为,不如说因为他的身份——一个被选中的人,因此必须具备成为皇帝的必要素质。例如,就像司马迁在故事中所描述的,刘邦是一次神奇的受孕的产物,他的相貌注定他有非凡的命运。[39]即使在醉醺醺的昏睡中,龙仍在刘邦头上盘旋,他上方的"云气"清楚地表明他是未来的皇帝。[40]如果说围绕项羽的叙述是由一位强大的主人公推进的,那么在某种意义上,关于刘邦的叙述从一开始就是完整的。他是一位皇帝,他的"本纪"中第一句话就清楚地揭示了这个事实。时空的运动

---

[38] 这个情节中出现了"汉有善骑射者楼烦"(《史记》卷7,第328页),第二个情节中追赶项羽的赤泉侯(《史记》卷7,第334页)。

[39] "父曰太公,母曰刘媪。其先刘媪尝息大泽之陂,梦与神遇。是时雷电晦冥,太公往视,则见蛟龙于其上。已而有身,遂产高祖。高祖为人,隆准而龙颜,美须髯,左股有七十二黑子。"(《史记》卷8,第341—342页)

[40]《史记》卷8,第343页。

受到命运的限制，只会证实从一开始就清楚的东西——刘邦承受天命的地位。

与他的"本纪"从一开始就完整的事实中所蕴含的静态一致，刘邦是一个典型的自我保护和保守的角色。他通常是听取别人的意见才采取行动，而不是因为个人冲动。如上所述，他对待咸阳的态度就是一个极好的例子，并与自己对手的行径形成鲜明对比。刘邦进入咸阳，没有摧毁任何东西。项羽的一位谋士指出，刘邦这种行为违背了他一贯贪婪好色的本性，司马迁没有提供任何叙述来支持谋士的负面描述。[41]相反，根据司马迁的描述，刘邦没有拿一件财物，封存了秦的仓库，也没有霸占秦的皇宫。[42]

保护咸阳，与刘邦所做的类似的保护行为一样，都是刘邦听从其他人建议的结果。贯穿整个叙事，刘邦几乎完全依靠那些足智多谋的谋士的智慧。这一特点在司马迁让刘邦在《史记》中所说的第一句话中得到了巧妙体现："为之奈何？"这句话，他会在一页中重复一次，两页后再重复一次。[43]司马迁将刘邦刻画为一个反复征求建议并完全依赖别人的智慧的君主，强化了《史记》中广泛宣传的儒家观点，即绝大多数成功的政治家都善于接受贤臣的建议。事实上，在司马迁故事的结尾，刘邦自己就承认他之

---

[41]《史记》卷7，第311页。
[42] 见《史记》卷7，第311页；卷8，第362页。
[43] 对于从头到尾读《史记》的读者来说，他的第一句话出现在《项羽本纪》中（第311、314页）。

所以能战胜项羽，与其说是有什么其他才能，不如说是善于听取贤人的建议："此三者（张良、萧何和韩信），皆人杰也，吾能用之，此吾所以取天下也。项羽有一范增而不能用，此其所以为我擒也。"[44] 项羽是一个行动派，他不需要任何人建议。他以独立和残暴的方式走向自我灭亡。相反，刘邦是有天命的人，他拥有那些基本的品质，包括出身和个性，这些品质将引导他，或允许他被引导，走向他注定的命运。

通过上面的解释可以看出，一个主人公是独立的、积极的，而另一个是静态的、依赖的，这并非没有问题。司马迁这里的描述和其他地方一样，充满了奇怪的模糊性和复杂性。项羽的所作所为都只是简单地退回到过去。作为先秦世界的代言人，他决心复兴楚国，复兴秦统一全国时灭掉的各个国家，成为"霸王"。项羽从秦的都城咸阳撤出，这或许是他最大的战略失策，代表了他对前朝秦创立的中央集权官僚体制的否定。[45] 由于思乡和不合时宜的"小国"虚荣心，项羽放弃了"关内"这个关键的政治权力基础："富贵不归故乡，如衣绣夜行，谁知之者！"[46] 然而，刘邦是新兴的官僚主义国家的代表。可以确定的是，虽然他以封地奖励忠实的追随者，但是他迅速地削弱了这些地方权力中心，用自

---

[44]《史记》卷8，第381页。
[45]《史记》卷7，第315页。
[46]《史记》卷7，第315页。这句话使一个不知名的人物惊呼道："人言楚人沐猴而冠耳，果然！"项羽一听，就把讲话者活活煮了。

己的儿子取代了这些"效忠者",这表明他几乎没有考虑过恢复东周的秩序。然而,项羽这个行动派,开了历史倒车,成为一个不合时宜的人——他的行为将导致倒回到秦统一前恃强凌弱的战国时代,他适合那个时代。[47] 不那么积极的刘邦正向前迈进,或者是被他的谋士们带着向新秩序前进。

除了政治方向这个问题,在叙事中也有一些奇怪而关键的时刻,行动的角色和静态的角色出人意料地进行了角色转换。或许这种角色转换最令人惊讶的例子就是著名的鸿门宴。刘邦被邀请到项羽大营参加宴会,他计划在宴会上就自最先进入咸阳并将咸阳封锁之事向项羽解释,以期获取项羽的谅解。项羽最重要的谋臣范增知道,举办宴会是下手的最好时机,他们的敌人,即那个有幸获得天命的人,落到了他们的手里,可以被轻易除掉。奇怪的是,在这个关键时刻,项羽变得不积极了。范增示意项羽动手,这个信号让人想起了项羽的叔叔项梁曾发出过的信号,在司马迁的之前叙述中,项梁的信号曾引发了一连串暴力事件,但这次,项羽没有行动。[48]

在后来的宴会上,因为樊哙的麻痹,项羽的无能表现得更加

---

[47] 西嶋定生在他关于秦汉历史的著作中支持这种解释。在讨论项羽建立的制度时,他说:"这一制度否定了秦国建立的郡县制度。这完全是封建分封制的复兴。"(《白话秦汉史》,第54页)劳榦在他的秦汉史著作中指出,刘邦接受了秦的制度:"刘邦建立汉朝,完全接受秦制。"(《秦汉史》[台北:中国文化大学出版社,1986],第21页)

[48] 我这里指的是项羽第一个戏剧性行动:"梁眴籍曰:'可行矣!'于是籍遂拔剑斩守头。"(《史记》卷7,第297页)

明显；樊哙是刘邦忠实的追随者，也是项羽滑稽可笑的模仿者。樊哙听说自己的主君危在旦夕，闯进了宴会，"瞋目"（《史记》在别的地方曾用这个词描述项羽），怒发冲冠。面对这种对自己暴行活生生的模仿，项羽按剑单膝跪地，说："客为何者？"在樊哙进行了严厉的言语攻击后，我们的行动派项羽，"未有以应"。[49]他不仅被樊哙，也被命运之手惊得呆若木鸡。[50]

这边，刘邦迅速脱离了危险。在《史记》最奇特的一段中，刘邦离席"如厕"。他把樊哙叫到身边，紧急征求他的意见。樊哙把刘邦面对项羽的部下比作鱼肉面对刀俎。可能还在厕所中的刘邦立即决定逃跑，他让谋臣张良把一对玉璧送给项羽，一对玉环送给范增：

>当是时，项王军在鸿门下，沛公军在霸上，相去四十里。沛公则置车骑，脱身独骑，与樊哙、夏侯婴、靳彊、纪信等四人持剑盾步走，从郦山下，道芷阳间行。沛公谓张良曰："从此道至吾军，不过二十里耳。度我至军中，公乃入。"
>
>沛公已去，间至军中，张良入谢，曰："沛公不胜杯杓，不能辞。"[51]

---

［49］《史记》卷7，第313页。
［50］奚如谷教授写道，他"经常认为《项羽本纪》可以被解读为一种冲动和优柔寡断的二元结构"（私人交流）。
［51］《史记》卷7，第314页。

宴席暂停，客人在厕所和他的谋臣讨论，然后有足够的时间跑出二十里（大约六英里）回到自己的大营，退一步说，这也是非常奇怪的画面。在这里，我们看到一个值得注意的行动和静态的并列，但在这个故事情节中，项羽不能行动，叙述者让他处于一种奇怪的暂停状态，而刘邦在谋臣的建议和支持下匆忙逃走。事实上，在全部叙述中，刘邦最活跃的时刻就是他的逃跑，他奇迹般地脱离项羽军队的控制。这些逃跑的情节强化了刘邦的天命感，他永远不会真正受到威胁，因为他的结局在一开始就注定了。

在其中一次逃跑中，司马迁描述了这样一个细节，逃跑中的未来的皇帝为了加快车速，把自己的孩子推下了车，这一细节指出了司马迁叙述中另一个独特的模糊性。刘邦在项羽军队前面逃跑：

> 汉王道逢得孝惠、鲁元，乃载行。楚骑追汉王，汉王急，推堕孝惠、鲁元车下，滕公常下收载之。如是者三。曰："虽急不可以驱，奈何弃之？"[52]

刘邦作为上天的化身，在自己的"本纪"开始就被描述为"仁而爱人，喜施，意豁如也"。[53]但在其他地方，他因"傲慢与粗鲁"受到指责。项羽，尽管他一贯残忍，却被描述为"仁而爱

---

[52]《史记》卷7，第322页。
[53]《史记》卷8，第342页。

人",这些词在别的地方也被用来形容刘邦。[54]显然,在这些叙述中,对两个核心人物的刻画中存在着矛盾心理,即不能或不愿意提供一个一致的描述,要么是失败者项羽,要么是胜利者刘邦。然而,这个问题只有在我们考虑接下来两个"平行"事件时才能得到充分的探讨。

在接连打败刘邦之后,项羽发现自己的力量神秘地减弱了。最后,他被包围了,失去了家乡父老的支持,知道末日即将来临。夜晚,他在大帐中为他的骏马乌骓和他心爱的女人虞姬歌唱:

> 力拔山兮气盖世,
> 时不利兮骓不逝。
> 骓不逝兮可奈何,
> 虞兮虞兮奈若何![55]

刘邦也唱了一首歌,但不是在他失败的时候,而是在他最幸福的时刻。他登基称帝后返回自己的老家沛县。以前的乡邻围在他周围,他教小孩唱自己的歌:

---

[54]《史记》卷8,第381页。这样的批评出现在他自己的"本纪"中,而不仅仅是其他地方。然而,在《佞幸列传》中,沛公被描述"至暴抗也"(《史记》卷125,第3191页)。徐复观认为这是司马迁对沛公人性的真实描述(《太史公的思想背景及其史学精神》,《史记论文选集》,第27页)。

[55]《史记》卷7,第333页。这首歌在《楚汉春秋》残存的片段中有另外的版本:"汉兵已略地,四方楚歌声。大王意气尽,贱妾何聊生。"见洪颐煊《经典集林》第2b页。译按:此处有误,这是保存于《楚汉春秋》中虞姬的《和垓下歌》。

> 大风起兮云飞扬,
> 威加海内兮归故乡,
> 安得猛士兮守四方![56]

这两首歌形成反差的部分原因是演唱者的处境完全相反——一首歌的演唱者身处困境,他关心的是"放弃";另一首歌的演唱者是胜利者,他自然关心能否保住自己已经得到的。但这种对比远不仅仅是因为他们创作时的矛盾背景。项羽,他忠于自己内心,以及物动词("拔"和"盖")开篇。他是一个行动者,吹嘘自己的成就,他选择最宏伟的目标来实现自己的行动——"山""世"。他继续唱到,尽管他有惊人的行为,但是他失败了,因为"时不利兮"。在这里,正如司马迁所引用的,项羽唤起了一个我们之前提到过的主题,一个贯穿《史记》和之后中国文学的主题——时局不合时宜,好人的努力遭受挫折。项羽相信是命运打败了他,他在他的歌中唤起了一个主题,在之后的叙述中也还会提到这个主题。

项羽在他的歌曲的前两行以一个强有力的行动者形象出现,而刘邦在歌曲的前两行中是通过隐喻表现出来的。"风"和"云"被比作新兴的汉朝的皇帝,它们很自然地"起""飞扬"。通过这些隐喻,刘邦暗示,自己的胜利就像天气的剧烈变化,是超自然

---

[56]《史记》卷8,第389页。

力的产物。他没有歌颂自己的行为，因为他的成就，他的力量无处不在的事实，是上天意志的表达。

两首歌也以相反的担忧结束。项羽知道自己已经战败不得不放弃，放弃他强大的活力和热爱生命的最直接的象征。他最后的担忧，与他确实"仁"的叙述一致，他担忧虞姬，"虞兮虞兮奈若何！"事实是，从他的"本纪"开始，项羽最典型的行为就是放弃，即另一个动态行动（放弃学习，放弃咸阳，放弃虞姬，等等），而刘邦却一直在保存。后者控制了帝国，他在歌曲中希望保护，"守四方"。与他"本纪"开始建立的模式一致，他的成功取决于找到并"保存"有能力的人。

这些歌曲都出现在每位主人公生命的最后时期，某种意义上就是告别，司马迁用这些歌曲来建立秦汉之际两位主要人物之间的根本区别。但这种区别在他们的死亡的对比中更为明显。经过惊心动魄的决战，项羽亲手杀死了"数百"汉军，向他自己的队伍证明"此天之亡我，非战之罪也"后，项羽面对必然的死亡，采取了最戏剧性和极端的行动——自刭而死。[57]我已注意到司马迁对自杀的迷恋，他自己拒绝自杀，但他笔下许多优秀的文学形象，某种意义上说，他的另一个自我，都坚定地选择了自杀。胜利者刘邦之死，与项羽之死有天壤之别。在一次平定黥布叛乱的战斗中，刘邦中箭。尽管一位医生向他保证可以治好他的

---

[57]《史记》卷7，第336页。

伤，刘邦拒绝了治疗，他说："此非天命乎？命乃在天，虽扁鹊何益！"[58]汉朝皇帝，一直被描绘为一个受天命眷顾的人，被动地接受自己的伤，拒绝采取任何治疗。他在伤口感染后去世。

在他们的最后时刻，司马迁笔下的项羽和刘邦，都说到了命运，在很大程度上，这种力量塑造了他们的一生。"天人之际"的问题反映到命运问题上，是这两篇"本纪"的主要论题，也出现在司马迁对这两卷的最后评论中。就项羽而言，司马迁直接面对这个问题：

> 及羽背关怀楚，放逐义帝而自立，怨王侯叛己，难矣。自矜功伐，奋其私智而不师古，谓霸王之业，欲以力征经营天下，五年卒亡其国，身死东城，尚不觉寤而不自责，过矣。乃引"天亡我，非用兵之罪也"，岂不谬哉！[59]

在对刘邦的评价中，司马迁出人意料地避免了对刘邦的直接评论。相反，他的评论指向了王朝更替的整个问题。很明显，刘邦的存在和成功很大程度上取决于上天的意志，司马迁对他个人并无太大兴趣。司马迁简要地介绍了之前阐释的周期理论，即汉朝恢复了夏朝的"忠"，代替了衰落的周朝的"文"，司马迁继

---

[58]《史记》卷8，第391页。扁鹊是战国时期的一位名医。他的传记在《史记》卷105，第2785—2794页。
[59]《史记》卷7，第339页。

续说：

> 周秦之间，可谓文敝矣。秦政不改，反酷刑法，岂不缪乎？故汉兴，承敝易变，使人不倦，得天统矣。[60]

这两条评论似乎都表明，项羽的失败与刘邦的成功与其说是"天"的因素，不如说是"人"的作用。项羽做了一系列错误的决定最终导致他的失败，因此，他将失败归之于天意，就像司马迁说的，十分荒谬。刘邦的成功是因为他对需要什么有正确的认识以及他的追随者不懈努力的结果。然而，从司马迁最后的评论中得出的结论，即把历史的重担完全放在人类的肩上，就叙述本身而言是不合理的。就像在伍子胥的例子中一样，司马迁的叙述与正式的评论似乎互相矛盾。正如我们看到的，从一开始，刘邦就被看作是上天的选择，他只需要遵循并屈服于必然性。当然，有人可能会说，司马迁强调刘邦是天意的选择是对汉王朝开创者一种必要的低头，这种低头不值得认真对待。毕竟，《史记》中也有关于其他朝代开国者的神迹故事，《史记》其他地方也有证据表明，司马迁本人并未完全相信这些神迹故事。[61] 当然，政治上的谨慎性要求司马迁建立一个证明统治王朝神圣合法性的案例。但

---

[60]《史记》卷8，第393—394页。
[61]《殷本纪》记载商朝建立者的母亲简狄吞玄鸟卵怀孕（《史记》卷3，第91页）。周朝建立者的母亲践巨人的脚印而受孕（《史记》卷4，第111页）。秦的建立者的母亲，和周朝建立者的母亲一样，吞玄鸟卵而受孕（《史记》卷5，第373页）。

是即使我们承认这些论点的一般逻辑，项羽失败和刘邦胜利的叙述中所蕴含的必然性是如此顽固，以至于不能轻易被忽略。当行动派项羽呆若木鸡、无能为力，而刘邦却逃跑了；或者当刘邦消极地等待"命运"的时候，就在他去世的那一刻，读者怀疑在司马迁叙述中，不可避免的力量，就像在两条评论中赞扬和谴责的人类决定，正在无情地推动历史前进。

当然，关于这种不可避免的力量，《史记》中还有一些迄今我们没有注意到的显著例子。有一次，刘邦被项羽的军队包围，陷入绝望中：

> 于是大风从西北而起，折木发屋，扬沙石，窈冥昼晦，逢迎楚军。楚军大乱，坏散，而汉王乃得与数十骑遁去。[62]

一阵神风吹向了刘邦，就好像17世纪后期帮助英国人打败西班牙无敌舰队的神风一样。项羽可以打败刘邦，但他无法与自然界抗衡。

事实上，项羽从和对手交手的开始就意识到，他持续有力的行动注定会失败，命运青睐他的对手。鸿门宴后不久，那个焦躁不安的项羽未能立刻行动时，他的聪明谋臣范增就告诉他："吾令人望其气，皆为龙虎，成五采，此天子气也。急击勿失。"[63]但我

---

[62]《史记》卷7，第322页。
[63]《史记》卷7，第311页。

们知道，正如司马迁笔下的项羽所知道的那样，他所提出的行动建议本身就包含着这样一种明确的认识，即这种行动注定要失败。刘邦将成为天子，项羽将被理所当然地称为"愤王"。

司马迁关于天人之际的界线之所以难以确定，主要是因为我所说的"叙述同情"和"意识形态同情"之间的矛盾。司马迁对项羽精彩动人、富有激情的叙述，与他对刘邦平淡无奇的描述相比，人们无法不怀疑，在某种程度上，司马迁同情失败的项羽。虽然项羽被描述成一个凶残和暴力的人，但是他也被赋予了对手无法匹敌的贵族地位和声望。尽管项羽看起来很残忍，但是我们应该记得，刘邦的一位谋臣就曾说过，项羽"仁而爱人"，这或许就是司马迁自己的心声。而且，项羽拥有司马迁最感兴趣的特质——用他叔叔项梁的话说，项羽"奇"。对这些品质的钦佩推动了司马迁的叙事，助力《项羽本纪》成为《史记》中最受推崇的篇卷之一，并被收入各种《史记》选本中。

在这卷的最后，司马迁放下叙述者的架子，把他自己的故事放在一边，以儒家历史学家和思想家的身份发表了对他刚刚讲过的故事的评论，学者们说，这些言论对于重建司马迁的思想有特别价值。[64]但基于这些判断的意识形态建构有时要求我们忽略叙事本身。在这两个例子中，司马迁的评论似乎在说：这里有一个

---

[64] 如阮芝生指出，重建司马迁思想的基本材料包括：《太史公自序》、"太史公曰"和司马迁偶尔介入故事（如《伯夷列传》中的情况）(《试论司马迁所说的通古今之变》，第186页）。

故事，一个人错误地将自己的失败归咎于命运；另一个故事，一个人看到了自己需要做的事，并完成了它。我认为，对这两卷的叙述进行如此平淡的解读是不可行的。

无论超然的道德家司马迁多么想把成功或失败的重担完全强加到人的身上，他都做不到。在项羽和刘邦的故事中，他更巧妙、更有力地回到了《伯夷列传》中困扰他的问题上：正义在哪里？不睁眼的上天是否提供了一个剧本，胡乱地提拔一些人，毁灭一些人？历史学家能以任何有意义的方式纠正这个剧本吗？正如我们看到的，司马迁对这些问题有深度的个人参与。这种参与以及由此产生的激情，使他成一家之言的计划复杂化，甚至被破坏。

从司马迁的著作中提炼出一以贯之的哲学思想的问题，不仅表现在天人之际的转换上，也表现在古今之变的转换中。或许，正如本章前面说过的，司马迁的历史变化观基本遵循一种有机模式，因此需要对一个机构或个人整个生命周期进行考察。但是有些断裂的个案是不能从一个渐进的有机变化模型中预见到的。这些往往是读者无法预测的惊喜时刻，这也让读者对司马迁的作品充满好奇。当然，鸿门宴就是这些时刻中的一个。项羽之前的行为中有什么可以让我们预料到这样的优柔寡断呢？《史记》中的其他例子：秦舞阳这个年轻刺客令人无法解释的崩溃和他的"振恐"，阻碍了荆轲刺杀秦王；赵襄子如厕途中莫名其妙的心跳加快，让他躲过了豫让的刺杀；等等。[65] 在这种情况以及其他许多

---

[65] 这些例子都出自《刺客列传》(《史记》卷86，第2534、2521页)。

情况下，人们感觉到了命运的力量，它切断了有机发展，并挫败了渐进演变观念中固有的可预测性。[66]当然，正是这些情况的存在才让故事生动有趣。

尽管司马迁忠于自己的意识形态根源，可能想给我们呈现一个新的、前后一致的综合，但过去的记录，以及他在新的叙事中对这些记录的描绘，颠覆了他的努力。司马迁作为叙述者的个人兴趣，以及满足这些兴趣的强大力量，阻碍了统一，创造出了千变万化的人物，这些人物不容易被分类并成为意义明确的例子。说到底，司马迁不是一位历史哲学家，当然，他也不是一个说教者。相反，他是一个既写历史又写故事的文学天才。

---

[66] 事实上，司马迁似乎在其他地方沉迷于那些微不足道的小事件，这些事件以一种完全无法预测的方式，对历史进程产生了巨大的影响。注意，例如，在他的《滑稽列传》的结尾处他对这一事实的评论："淳于髡仰天大笑，齐威王横行。优孟摇头而歌，负薪者以封。优旃临槛疾呼，陛楯得以半更。岂不亦伟哉！"（《史记》卷126，第3203页）

结　语

　　司马迁生活在一个艺术史家经常以青铜镜子标识的时代。这些珍贵的铜镜，一面是抛光的金属，另一面布满了丰富而又神秘的图像，它们不仅实用，也是给死者陪葬的珍贵的驱邪物。人们相信，镜子可以捕捉光线，照亮坟墓的黑暗，而背面的符号可能代表了宇宙，为灵魂在另一个世界的旅程指引方向。

　　在中国文明中，镜子是历史的隐喻。这种联系最早出现在司马迁的作品中："居今之世，志古之道，所以自镜也。"[1]《孔子家语》，一部司马迁死后约百年从更早来源中收集而成的文本，阐述了这个隐喻："夫明镜所以察行，往古者所以知今。"[2]

　　事实上，司马迁死后一千多年，另一位复姓司马的伟大历史学家司马光（1019—1086），写了中国历史上唯一一部可以与天才般的《史记》媲美的通史《资治通鉴》。通过阅读他编写的历史，司马光希望为当时和之后的统治者提供清晰的借鉴，让他们了解自己的行为及其必然的后果。与此一致的是，中国历史至今

---

[1]《史记》卷18，第878页。
[2]《孔子家语》，四部备要本，7:4a。

经常被认为是最实用、最现代的学科。事实上,现代中国人仍然习惯以古论今。

正如司马迁所描述的,《春秋》是辨别一个人真实面貌的最好的镜子:"故有国者不可以不知《春秋》,前有谗而弗见,后有贼而不知。"[3]司马迁作为古典儒家传统的继承者,将呈现一面和《春秋》一样的清晰的镜子,通过"见诸行事",实现"别嫌疑,明是非,定犹豫"。[4]

尽管司马迁有这样的目标,但正如我们所看到的,他的动机并不是成为一个明确的儒家道德传统的传道者,司马迁说:"恨私心有所不尽。"作为一个曾遭受困难的人,司马迁相信所有杰出的文学家都生于困难中,他不仅收集并试图从古代丰富的文本中找到意义,而且也通过由一系列痛苦而奇特的事件塑造的人物内心倾诉自己的情感。正如我们努力展示的,这些情感深刻地塑造了《史记》,并赋予了它一些在关于司马迁生平的文本中同样可以看到的问题和模糊性。

正如我们在前面已经看到的,司马迁对自己经历的描述,核心是他与权威的复杂关系。他告诉我们,对父亲敦促他追随孔子的记忆,坚定了他决心忍受另一个权威汉武帝残酷的刑罚。在这场纠结中,他的父亲成为重要的权威,并把他引向了对孝道的极端宣扬。在一篇题为"自我与他人"的颇具煽动性的文章中,杜

---

[3]《史记》卷130,第3298页。
[4]《史记》卷130,第3297页。

维明试图展示儒家思想中的孝顺是如何从属于自我实现的，因此在某些情况下忤逆父亲是合理的。[5] 一般来说，我不会质疑杜维明对孝道的温和建构，但我相信，司马迁被这种美德的极端表达所感动，这比杜维明的模式所认可的程度更深。我们已经分析过伍奢和伍员的故事，他们的生死都背负着孝道的沉重负担。关于这种责任的另一个让人震惊的例子出现于《卫康叔世家》（卷37）。这是卫宣公（公元前718—前700年在位）和他两个儿子的故事，司马迁根据《左传》的记载改写了这个故事。

我们这里的重点不是就《史记》和《左传》这两个版本进行仔细对比，尽管这种对比表明，《左传》中简洁的叙述与《史记》中动机明确的故事之间存在重大差异。[6] 目前，人们关注的重点是，宣公是一个不合格的父亲，密谋杀害自己的儿子，卫国的太子。宣公密令凶手伏击并杀死携带白旗的过路者，而白旗是他交给太子的。一个忠诚的同父异母的弟弟向太子透漏了这个阴谋，太子没有采取任何行动来躲避这场灾难。他说："逆父命求生，不可。"这个孝子不像传说的舜帝，杜维明称赞舜不"屈服于他父亲的残暴"。但这个故事甚至更极端。同父异母的弟弟为了救太子，他夺取了白旗，抢先进入了杀手的埋伏。他被杀死了，但是太子

---

[5]《儒家思想新论：创造性转换的自我》（奥尔巴尼：纽约州立大学出版社，1985），第113—130页。

[6]《左传》和《史记》的版本，见华兹生《左传：中国最古叙事文选》（纽约：哥伦比亚大学出版社，1989），第13—15页。

坚持一起赴死,他对杀手抗议说:"所当杀乃我也。"在这个故事最后的评论中,司马迁称赞太子"恶伤父之志",他进而惊呼"何其悲也!"[7]

司马迁的评论体现了他史学中相互关联和批判的两个方面:第一,他自己过去的回忆不断萦绕在他关于历史的叙述中;第二,他既情绪化又理智地投入了自己的故事中。司马迁不是修昔底德,他"客观地"建构了对过去的理性解释。他把自己呈现为一个完整的人,我相信,他深深地纠缠在自己的历史中。

司马迁的镜子是一面扭曲的、阴云密布的镜子,之所以如此,既有个人的焦虑,也因为过去的冰冷。他给我们的"古代的教义"是不容易辨别的。事实上,在他的镜子中,最有趣的轮廓往往是故事的轮廓,而这些故事从其叙事和道德复杂性中不断获得力量和持续的兴趣。我们经常翻阅《史记》,就像我们翻阅世界上其他的伟大的经典著作一样,因为《史记》和生活本身一样令人费解。司马迁镜中的阴云是一个完整而复杂的人的图案,这些云或多或少地困扰着我们所有人。

---

[7]《史记》卷37,第1593页。

参考文献

以下使用的缩写

SBBY Si bu bei yao 四部备要
SBCK Si bu cong kan 四部丛刊
SKQS Si ku quan shu 四库全书
SSJZS Shisan jing zhu shu 十三经注疏

西方资料

Allan, Sarah. *The Heir and the Sage*. San Francisco: Chinese Materials Center, 1981.

Allen, Joseph Roe III. "An Introductory Study of Narrative Structure in Shiji." *Chinese Literature: Essays, Articles, Reviews* 3(1981):31-66.

Arbuckle, Gary. "A Note on the Authenticity of the Chunqiu Fanlu." *T'oung Pao* 75 (1989):226-34.

Barthes, Roland. *Image, Music, Text*. New York: Hill and Wang, 1977.

Bauer, Wolfgang. *Das Antlitz China: Die autobiographische Selbstdarstellung in der Chinesischen Literatur von ihren Anfängen bis Heute*. Munich: Carl Hanser Verlag, 1990.

Bielenstein, Hans. *The Bureaucracy of Han Times*. Cambridge: Cambridge University Press, 1980.

Birrell, Anne. *Chinese Mythology: An Introduction*. Baltimore and London: Johns

Hopkins University Press, 1993.

Bloom, Harold. *New York Review of Books* 35.5 (31 March 1988):23.

Bodde, Derk. "Myths of China." In Samuel Noah Kramer, ed., *Mythologies of the Ancient World*. Garden City: Anchor Books, 1961.

———. "The State and the Empire of Ch'in." In Denis Twitchett and Michael Loewe, eds., *The Cambridge History of China, Volume 1: The Ch'in and Han Empires, 221 B.C.-A.D. 220*. Cambridge: Cambridge University Press, 1983.

Campbell, Joseph. *The Hero with a Thousand Faces*. Princeton: Princeton University Press, 1968.

Chavannes, Edouard. *Les Mémoires historiques de Se-ma Ts'ien*. 1895. Reprint. Paris: Librairie d'Amérique et d'Orient, 1967.

Ch'en Shih-hsiang. "An Innovation in Chinese Biographical Writing." *Far Eastern Quarterly* 13 (1953):44-62.

Cheng, Anne. *Étude sur le Confucianisme Han*. Paris: Collège de France, 1985.

Chung, Eva Yuen-wah. "A Study of the 'Shu' (Letters) of the Han Dynasty (206 B.C.-A.D.220)." Ph. D. diss., University of Washington, 1982.

Creel, H.G. *Confucius and the Chinese Way*.1949. Reprint. New York: Harper & Row, 1960.

Crump, James. *Chan-kuo Ts'e*. Revised edition. San Francisco: Chinese Materials Center, 1979.

Dawson, Raymond, trans. *Sima Qian: Historical Records*. Oxford: Oxford University Press, 1994.

De Bary, Wm. Theodore. *The Trouble with Confucianism*. Cambridge, Mass.: Harvard University Press, 1991.

Dubs, Homer. "The Failure of Chinese to Produce Philosophical Systems." *T'oung Pao* 26 (1929): 98-109.

———. "The Political Career of Confucius." *Journal of the American Oriental Society* 66 (1946): 273-82.

———. "The Victory of Han Confucianism." *History of the Han Dynasty*, vol. 2.

Baltimore: Waverly Press, 1938.

——, trans. *Works of Hsün-tzu*. London: Arthur Probsthain, 1928.

Dull, Jack. "A Historical Introduction to the Apocryphal Ch'an-Wei Texts of the Han Dynasty." Ph.D. diss., University of Washington, 1966.

Durrant, Stephen. "Liu Chih-chi on Ssu-ma Ch'ien." Di yijie guoji Tangdai xueshu huiyi lunwenji 第一届国际唐代学术会议论文集 [Proceedings of the First International T'ang Studies Conference]. Taibei: Xuesheng, 1989.

——. "Shih-chi." In William Nienhauser, ed., *The Indiana Companion to Traditional Chinese Literature*. Bloomington: Indiana University Press, 1986, pp.689-94.

——. "Ssu-ma Ch'ien's Conception of Tso chuan." *Journal of the American Oriental Society* 112.2 (1992): 295-301.

——. "Takikawa Kametarō's Comments on Chapter 47 of *Shih chi*." In *Dierjie Zhongguo yuwai hanji guoji xueshu huiyi lunwenji* 第二届中国域外汉籍国际学术会议论文集 [Proceedings of the Second International Conference on Chinese Language Materials Published Outside of China]. Taibei: Lianjing, 1989.

——. "Tangles and Lacunae: A Few Aspects of Suu-ma Ch'ien's Portrayal of His Intellectual Antecedents." In Chen Jiexian 陈捷先, ed., *Chen Qilu yuanshi qizhi rongqing lunwenji* 陈奇禄院士七秩荣庆论文 [A Collection of Essays Commemorating the Seventieth Birthday of Academician Chen Qilu]. Taibei: Xuesheng, 1992.

Eno, Robert. *The Confucian Creation of Heaven*. Albany: SUNY Press, 1990.

Enoki, Kazuo. "On the Relationship Between the Shih-chi, Bk. 123 and the Han-shu, Bks.61 and 96." *Memoirs of the Research Department of the Toyo Bunko* 41 (1983):1-32.

Franke Otto. *Studien zur Geschichte des Konfuzianischen Dogmas und Tung Tschung-shu's Tsch'un-ts'iu fan-lu*. Hamburg: L. Friederichsen & Co., 1920.

Fung, Yu-lan. *A History of Chinese Philosophy*. 2 vols. Translated by Derk

Bodde. Peiping: Henry Vetch, 1971.

Gardner, Charles S. *Chinese Traditional Historiography*. Cambridge, Mass.: Harvard University Press, 1938.

Graham, A. C., trans. *Chuang Tzu: The Inner Chapters*. London: George Allen & Unwin, 1981.

——. *Disputers of the Tao*. La Salle, Illinois: Open Court, 1989.

Hall, David and Roger Ames. *Thinking Through Confucius*. Albany: SUNY Press, 1987.

Hardy, Grant. "Can An Ancient Chinese Historian Contribute to Modern Western Theory? The Multiple Narrations of Ssu-ma Ch'ien." *History and Theory* 33.1(1994):20-38.

——. "The Interpretive Function of Shih chi 14, 'The Table by Years of the Twelve Feudal Lords.'" *Journal of the American Oriental Society* 113 (January-March 1993):14-24.

Hart, James Pinckney, Jr. "The Philosophy of the 'Chou Yü.'" Ph. D. diss., University of Washington, 1973.

Hawkes, David. *Ch'u Tz'u: The Songs of the South*. Oxford: Clarendon, 1959.

Henderson, John B. *The Development and Decline of Chinese Cosmology*. New York: Columbia University Press, 1984.

——. *Scripture, Canon, and Commentary: A Comparison of Confucian and Western*, Exegesis, Princeton: Princeton University Press, 1991.

Henry, Eric. "Motif of Recognition." *Harvard Journal of Asiatic Studies* 47.1 (June 1987):5-30.

Hervouet, Yves. "La valeur relative des textes du Che-ki et du Han-chou." In *Mélanges de sinology offerts à Monsieur Paul Demiéville*. Vol. 2. Paris: 1974.

Hightower, James Robert. "The Fu of T'ao Ch'ien." *Harvard Journal of Asiatic Studies* 17 (1954): 169-230.

——, trans. "The Letter to Jen An." In Cyril Birch, ed., *Anthology of Chinese Literature from Early Times to the Fourteenth Century*. New York: Grove Press,

1965.

——, trans. Han shih wai chuan. *Harvard-Yenching Institute Monograph Series.* Vol, XI . Cambridge, Mass.: Harvard University Press, 1952.

Hsiao, Kung-chuan. *A History of Chinese political Thought.* Translated by Frederick Mote. Princeton: Princeton University Press, 1979.

Hsu, Cho-yun and Katheryn M. Linduff. *Western Chou Civilization.* New Haven and London: Yale University Press,1988.

Hulsewé, A. F. P. "Notes on the Historiography of the Han Period." In W. G. Beasley and E. G. Pulleyblank, eds., *Historians of China and Japan.* London: School of Oriental and African Studies, 1961.

——. "The Problem of the Authenticity of Shih-chi Ch.123, The Memoir on Ta Yüan." *T'oung Pao* 60.1-3(1975):83-147.

——. "Shih chi." In Michael Loewe, ed., *Early Chinese Texts: A Bibliographic Guide.* Berkeley: The Society for the Study of Early China and the Institute of East Asian Studies, University of California, Berkeley,1993.

Johnson, David. "The Wu Tzu-hsü Pien-wen and Its Sources." Parts 1 and 2. *Harvard Journal of Asiatic Studies* 40.1 (1980): 93-156; 40.2(1980): 465-503.

Jones, Ernest. "The Death of Hamlet's Father." In Edith Kurzweil, ed., Literature and Psychoanalysis. New York: Columbia University Press,1983.

Knoblock, John, trans. *Xunzi: A Translation and Study of the Complete Works.* Stanford: Stanford University Press,1988.

Lau, D. C., trans. *Mencius.* Hong Kong: The University Press,1984.

Levi, Jean. *Le Fils du ciel et son amnaliste.* Paris: Gallimard, 1992.

Lewis, Mark Edward. *Sanctioned Violence in Early China.* Albany: SUNY Press, 1990.

Link, Perry. *Evening Chants in Beijing*, New York and London: W. W. Norton & Co., 1992.

Loewe, Michael. "The Campaigns of Han Wu-ti." In Frank Kierman, Jr. and John K. Fairbank, eds, *Chinese Ways in Warfare.* Cambridge, Mass.: Harvard

University Press, 1974.

———. "The Former Han Dynasty." In Denis Twitchett and Michael Loewe, eds., *The Cambridge History of China, Volume 1: The Chin and Han Empires, 221 B.C.-A.D. 220*. Cambridge University Press, 1983.

Maspero, Henri. *La Chine antique*. New edition. Paris: Presses Universitaires de France, 1965.

———. "Le roman historique dans la littérature Chinoise de l'antiquité." In *Études historiques: Mélanges posthumes sur les religions et l'histoire de la Chine*. Vol. 3. Paris: Publications de Musée Guimet, 1950.

Owen, Stephen. *Traditional Chinese Poetry and Poetics*. Madison: University of Wisconsin Press, 1985.

Průšek, Jaroslav. *Chinese History and Literature*. Prague: Academia, 1970.

Rosen, Sidney. "In Search of the Historical Kuan Chung." *Journal of Asian Studies* 35.3 (May 1976):431-40.

Schneider, Laurence A. *A Madman of Ch'u: The Chinese Myth of Loyalty and Dissent*. Berkeley: University of California Press, 1980.

Scholes, Robert and Robert Kellogg. *The Nature of Narrative*. New York: Oxford University Press, 1975.

Shaughnessy, Edward. "The Composition of Zhouyi." Ph.D. diss., Stanford University, 1983.

Shigeki, Kaizuka. *Confucius*. Translated by Geoffrey Bowas. London: George Allen & Unwin, 1956.

Som, Tjan Tjoe. *The Comprehensive Discussions in the White Tiger Hall*. 2 vols. Leiden: E. J. Brill, 1949.

Sullivan, Michael. *The Arts of China*. Berkeley: University of California Press, 1984.

Tain, Tzey-yueh. "Tung Chung-shu's System of Thought, Its Sources and Its Influence on the Scholars." Ph. D. diss, University of California, Los Angeles, 1974.

Thompson, Stith. *Motif-Index of Folk Literature*. Vol.5. Bloomington: Indiana University Press, 1957.

Tu, Wei-ming. *Confucian Thought: Selfhood as Creative Transformation*. Albany: SUNY Press, 1985.

Van Zoeren, Steven. *Poetry and Personality: Reading, Exegesis, and Hermeneutics in Traditional China*. Stanford: Stanford University Press, 1991.

Vuylsteke, Richard. "The Political Philosophy of Tung Chung-shu (179-104 B.C.)." Ph. D. diss., University of Hawaii, 1982.

Wallacker, Benjamin. "Han Confucianism and Confucius in the Han." In David T. Roy and Tsuen-hsuin Tsien, ed., *Ancient China: Studies in Early Civilization*. Hong Kong: The Chinese University Press, 1978.

Wang, John C. Y. "Early Chinese Narrative: The Tso-chuan as Example." In Andrew Plaks edited, *Chinese Narrative*. Princeton: Princeton University Press, 1977.

Wang, Zhongshu. *Han Civilization*. Translated by K. C. Chang. New Haven and London: Yale University Press, 1982.

Watson, Burton. *Early Chinese Literature*. New York: Columbia University Press, 1962.

——. *Ssu-ma Ch'ien, Grand Historian of China*. New York: Columbia University Press, 1958.

——, trans. *Records of the Grand Historian of China*. 2 vols. New York: Columbia University Press, 1971.

——, trans. *The Tso Chuan: Selections from China's Oldest Narrative History*. New York: Columbia University Press, 1989.

Wheatley, Paul. *The Pivot of the Four Quarters: A Preliminary Inquiry into the Origins and Character of the Ancient Chinese City*. Edinburgh: Edinburgh University Press, 1971.

White, Hayden. *Metahistory*. Baltimore: Johns Hopkins University Press, 1973.

Wilhelm, Hellmut. "The Scholar's Frustration: Notes on a Type of Fu." In John

K. Fairbank, ed., *Chinese Thought and Institutions*. Chicago: University of Chicago Press, 1957.

Wilhelm, Richard, trans. *The I Ching or Book of Changes*. Rendered into English by Cary F. Baynes. Bollingen Series XIX. New Edition. Princeton: Princeton University Press, 1967.

Woo Kang. *Les trois théories politiques des Tch'ouen Ts'ieou: Interprétées par Tong Tchong-chou d'après les principes de l'école de Kong-yang*. Paris: Librairie Ernest Leroux, 1932.

Wu, Hung. *The Wu Liang Shrine: The Ideology of Early Chinese Pictorial Art*. Stanford: Stanford University Press, 1989.

Wu, Pei-yi. *The Confucian's Progress*. Princeton: Princeton University Press, 1989.

Xiao Tong. *Wen Xuan or Selections of Refined Literature. Volume 1: Rhapsodies on Metropolises and Capitals*. Translated by David Knechtges. Princeton: Princeton University Press, 1982.

Yang, Hsien-yi and Gladys Yang, trans. *Records of the Historian*. Beijing: Foreign Language Press, 1979.

Yü Ying-shih. "The Seating Order at the Hung Men Banquet." Translate by T.C. Tang. In George Kao, ed., *The Transition of Thing Past: Chinese History and Historiography*. Hong Kong: The Chinese University Press, 1982.

中文和其他亚洲资料

Baihua Shi ji 白话史记 [A Vernacular Translation of Records of the Historian]. Translated by Wu Shaozhi 吴绍志. Tainan: Xibi, 1988.

Baihua Shi ji 白话史记 [A Vernacular Translation of Records of the Historian]. Translation by Long Yuchun 龙宇纯 et al. 3 vols. Taibei: Lianjing, 1985.

Chun qiu fanlu 春秋繁露 [Abundant Dew of Spring and Autumn Annals]. SBBY edition.

Chun qiu Zuo zhuan zhu 春秋左传注 [An Annotation of Spring and Autumn Annals and Zuo Commentary]. Edited by Yang Bojun 杨伯峻. Beijing: Zhonghua, 1981.

Cui Shi 崔适. *Shi ji tan yuan* 史记探源 [An Exploration into Sources of Records of the Historian]. Beijing: Zhonghua, 1986.

Cui Shu 崔述. *Kaoxin lu* 考信录 [A Record of Investigations into Authenticity]. 2 vols. Taibei: Shijie, 1968.

Gongyang zhuan 公羊传 [Gongyang Commentary]. SSJZS edition.

Gu Lisan 顾立三. *Sima Qian chuanxie Shi ji caiyong Zuo zhuan de yanjiu* 司马迁传写史记采用左传的研究 [A Study of Sima Qian's Adaptations of Zuo Commentary in Writing Records of the Historian], Taibei: Zhongzheng, 1981.

Guliang zhuan 穀梁传 [Guliang Commentary]. SBBY edition.

Guo yu 国语 [Discourses of the States]. SBBY edition.

Gushu diangu cidian 古书典故辞典 [A Dictionary of Allusions to Ancient Books]. Taibei: Huashi, 1987.

Hancheng xian zhi 韩城县志 [Gazetteer of Hancheng County]. Qianlong 49 (1784).

Han shu 汉书 [Historical Records of the Han]. Beijing: Zhong-hua, 1962.

Honda Shigeyuki 本田成之. *Shina keigaku shi ron*. 1927. Translated by Jiang Xi'an as Zhongguo jingxue shi 中国经学史 [A History of Classic Studies in China]. 1934. Reprint. Taibei: Guangwen, 1986.

Hong Yixuan 洪颐煊. *Jingdian jilin* 经典集林. Baibu congshu edition.

Huang Zhen 黄震. *Huang shi ri chao* 黄氏日钞 [The Daily Copies of Mr. Huang]. SKQS edition.

Jia Yi 贾谊. *Xin shu* 新书 [New Documents]. SBBY edition.

Jin Dejian 金德建. *Sima Qian suojian shu kao* 司马迁所见书考 [An Investigation of Books Seen by Sima Qian]. Shanghai: Renmin, 1963.

Kongzi jia yu 孔子家语 [The Family Sayings of Master Kong]. SBBY edition.

Lao Gan 劳幹. *Qin Han shi* 秦汉史 [A History of the Qin and Han]. Taibei: Zhongguo wenhua, 1986.

Li Changzhi 李长之. *Sima Qian zhi renge yu fengge* 司马迁之人格与风格 [The Character and Style of Sima Qian]. 1949. Reprint. Taibei: Kaiming, 1976.

Li Shaoyong 李少雍. *Sima Qian zhuanji wenxue lun gao* 司马迁传记文学论稿 [Draft Essays on the Biographical Literature of Sima Qian]. Chongqing: Xinhua, 1987.

Li Weixiong 李威熊. *Dong Zhongshu yu Xi Han xueshu* 董仲舒与西汉学术 [Dong Zhongshu and Western Han Scholarship]. Taibei: Wenshizhe, 1978.

Li ji Zheng zhu 礼记郑注 [Records of Ritual with the Zheng Commentary]. SBBY edition.

Liu Xiang 刘向. *Shuoyuan* 说苑 [A Garden of Sayings]. SBCK edition.

Liu Zhiji 刘知幾. *Shitong tongshi* 史通通释 [A Comprehensive Explanation of A Study of Historiography]. Reprint. Taibei: Liren, 1980.

Lu Jia 陆贾. *Xin yu* 新语. SBBY ed.

Lu Nanqiao 卢南乔. "Lun Sima Qian ji qi lishi bianzhuan xue" 论司马迁及其历史编撰学 [A Discussion of Sima Qian and His Com-pilation of History]. In Wang Guowei 王国维, et al., *Sima qian: qi ren ji qi shu* 司马迁：其人及其书 [Sima Qian: The Man and His Book]. Taibei: Chang'an, 1985.

Lu Xun 鲁迅 "Han wenxue shi gangyao" 汉文学史纲要 [An Outline History of Han Literature]. *In Lu Xun quanji* 鲁迅全集 [The Collected works of Lu Xun]. Vol. 8. Beijing: Renmin, 1963.

Lun yu jijie 论语集解 [Collected Explanations of Analects]. SBBY edition.

Luo Genze 罗根泽. "Zhanguo ce zuo yu Kuai Tong kao" 战国策作于蒯通考 [An Investigation of Kuai Tong's Authorship of Intrigues of the Warring States]. In Gu Jiegang 顾颉刚, ed., *Gushi bian* 古史辨 [Symposium on Ancient Chinese History]. Vol. 4. Reprint. Taibei: Minglong, 1970.

Lü Xisheng. "Sima Qian gongxing xiyi" [A Clarification of Sima Qian's Punishment of Castration]. *Zhongguo shi yanjiu* 中国史研究 [Studies in Chinese History] 4(1983): 68.

Lüshi chun qiu 吕氏春秋 [The Spring and Autumn Annals of Mr. Lü]. SBBY edition.

Mao shi Zheng jian 毛诗郑笺 [The Mao Odes with the Zheng Commentary].

SBBY edition.

Mengzi Zhao zhu 孟子赵注 [Mencius with the Zhao Commentary]. SBBY edition.

Mozi 墨子 .SBBY edition.

Nishijima, Sadao 西嶋定生. *Baihua Qin Han shi* 白话秦汉史 [A Vernacular Language History of the Qin and Han]. Translated by Huang Yaoneng 黄耀能. Taibei: Wenshizhe, 1983.

Pan Zhonggui 潘重规. "Shi ji Bo Yi lie zhuan cheng 'qi zhuan yue' kaoshi" 史记伯夷列传称"其传曰"考释 [An Investigation into the Phrase "Their Traditions Says" in "The Traditions of Bo Yi" in Records of the Historian]. *Dalu zazhi* 大陆杂志 18.5(March 1959): 1-3.

Pi Xirui 皮锡瑞. *Jingxue lishi* 经学历史 [A History of the Study of the Classics]. With notes by Zhou Yutong 周予同. 1961. Reprint. Taibei: Hanjing wenhua shiye, 1983.

Qian Mu 钱穆. "Kongzi yu Chun qiu" 孔子与春秋 [Confucius and Spring and Autumn Annals]. In Qian Mu, ed., *Liang Han jingxue jin gu wen pingyi* 两汉经学今古文平议 [A Critical Discussion of New and Old Script Schools in Han Dynasty Classic Studies]. Taibei: Dongda, 1983, pp.235-283.

——. "Liang Han bo shi jiafa kao" 两汉博士家法考 [An Inves-tigation into the School System of Academicians during the Han Dynasty]. In Qian Mu, ed, *Liang Han jingxue jin gu wen pingyi* 两汉经学今古文平议 [A Critical Discussion of New and Old Script Schools in Han Dynasty Classic Studies]. Taibei: Dongda, 1983, pp. 165-233.

——. *Qin Han shi* 秦汉史 [A History of the Qin and Han]. Reprint. Taibei: Dongfang, 1985.

——. *Shi ji diming kao* 史记地名考 [An Investigation of Place-names in Records of the Historian]. 1968. Reprint. Taibei: Sanmin, 1984.

——. *Xian Qin zhuzi xinian* 先秦诸子系年 [Linking the Chronologies of Pre-Qin Masters]. Second edition. Hong Kong: University of Hong Kong Press, 1956.

Qu Wanli 屈万里. *Xian Qin wen shi ziliao kao bian* 先秦文史资料考辨 [An

Examination of Literary and Historical Sources for the Pre-Qin Period]. Taibei: Lianjinng, 1983.

Qu Yingsheng 曲颖生. "Shi ji liezhuan yi Bo Yi ju shou zhi yuanyin" 史记列传以伯夷居首之原因 [The Reason for Bo Yi Being Placed at the Beginning of the "Traditions" Section of Records of the Historian]. *Dalu zazhi* 12.3 (February 1956): 28-32.

Ruan Zhisheng 阮芝生. "Shi lun Sima Qian suoshuo de 'tong gu jin zhi bian'" 试论司马迁所说的"通古今之变" [A Preliminary Essay on Sima Qian's Statement "To Penetrate the Transformations of Ancient and Modern Times"]. In Du Weiyun 杜维运 and Huang Jinxing 黄进兴, eds., *Zhongguo shixue shi lunwen xuanji* 中国史学史论文选集 [A Selected Collection of Essays on the History of Chinese Historiography]. Vol. 3. Taibei: Huashi, 1980.

——. "Tai shi gong zenyang souji he chuli shiliao" 太史公怎样搜集和处理史料 [How Did the Gentleman Grand Historian Collect and Manage Historical Sources?]. *Shumu jikan* 书目季刊 7.4(March 1974):17-35.

Shang shu 尚书 [Ancient Documents]. SSJZS edition.

Shi Ding 施丁. "Lun Sima Qian de tong gu jin zhi bian" 论司马迁的通古今之变 [A Discussion of Sima Qian's "Penetrating the Transformations of Ancient and Modern Times"]. *Sima Qian yanjiu xinlun* 司马迁研究新论 [New Essays on Sima Qian Studies]. Zhengzhou: Henan Renmin, 1982.

Shi Zhimian 施之勉. *Shi ji huizhu kaozheng dingbu* 史记会注考证订补 [A Verification and Supplement to An Examination of Collected Comments on Records of the Historian]. Taibei: Huagang, 1976.

Shi ji 史记 [Records of the Historian]. Beijing: Zhonghua, 1959.

Shi ji 史记 [Records of the Historian]. From the Bona edition of the Twenty-Four Histories. 1937. Reprint. Taibei: Shangwu, 1981.

Shi ji cidian 史记辞典 [A Dictionary to Records of the Historian]. Edited by Cang Xiuliang 仓修良. Shandong: Jiaoyu chubanshe, 1991.

Shi ji pinglin 史记评林 [A Forest of Critical Comments on Records of the Historian].

Edited by Ling Zhilong 凌稚隆. 1576. Reprints. Taibei: Diqiu, 1992.

Shi ji quanben xinzhu 史记全本新注 [A New Commentary to the Entire Records of the Historian]. Edited with notes by Zhang Dake 张大可. Xi'an: Sanqin, 1990.

Shui jing zhu 水经注 [The Commentary to the Classic of Rivers]. SBCK edition.

Shuo wen jie zi gulin 说文解字诂林 [A Forest of Explanatory Notes on Explaining Simple Graphs and Analyzing Compound Characters]. Edited by Ding Fubao 丁福保. Reprint. Taibei: Shangwu, 1976.

Sun Xingyan 孙星衍. *Kongzi jiyu* 孔子集语 [The Collected Sayings of Confucius]. Taibei: Shijie, 1970.

Takikawa Kametarō 泷川龟太郎. *Shi ki kaichū kōshō* 史记会注考证 [A Philological Examination of Collected Commentaries to Records of the Historian]. 1934. Reprint. Taibei: Hongshi, 1986.

Wang Anshi 王安石. "Kongzi shi jia yi" 孔子世家议 [Ideas about "The Hereditary Household of Confucius"]. *Linchuan xiansheng wenji* 临川先生文集 [The Literary Collection of Mr. Linchuan]. Vol. 46. SBCK edition.

Wang Guowei 王国维. "Tai shi gong xingnian kao" 太史公行年考 [An Investigation into the Chronology of the Activities of the Duke Grand Astrologer]. *Guantang jilin* 观堂集林. Vol. 11. Shanghai: Guji, 1983.

Wang Jia 王嘉. *Shi yi ji* 拾遗记 [A Record of Gathered Frag-ments].SKQS edition.

Wang Li 王力. *Tongyuan zidian* 同源字典 [A Dictionary of Words of the Same Origin]. Reprint. Taibei: Wenshizhe, 1982.

Wang Ruoxu 王若虚. *Hunan yilao ji* 滹南遗老集 [The Collected Texts of a Remnant Old Man from Hunan]. SBCK edition.

Wang Shumin 王叔岷. *Shi ji jiaozheng* 史记斠证 [A Collation of Records of the Historian]. Taibei: Academia Sinica, 1982.

Wen Chongyi 文崇一. "Lun Sima Qian de sixiang" 论司马迁的思想 [A Discussion of the Thought of Sima Qian]. In Huang Peirong 黄沛荣, ed., *Shi ji lunwen xuanji* 史记论文选集 [A Selection of Essays on Records of the Historian].

Taibei: Chang'an, 1982.

Wu Ruyu 吴汝煜. *Shi ji lun gao* 史记论稿 [Draft Essays on Records of the Historian]. Jiangsu: Jiaoyu chubanshe, 1986.

Wu Zhongkuang 吴忠匡. "Xian Qin xueshu sixiang de lishixing zongjie" 先秦学术思想的历史性总结 [A Historical Synthesis of Pre-Qin Intellectual Thought.] In Liu Naihe 刘乃和, ed., *Sima Qian he Shi ji* 司马迁和史记 [Sima Qian and Records of the Historian], Beijing: Beijing Press, 1987.

Xiao Li 肖黎. *Sima Qian pingzhuan* 司马迁评传 [A Critical Biography of Sima Qian]. Jilin: Jilin wenshizhe, 1986.

Xiao jing [Classic of Filial Piety] 孝经. SBBY edition.

Xu Fuguan 徐复观. "Lun Shi ji" 论史记 [A Discussion of Records of the Historian]. In Du Weiyun 杜维运 and Huang Jinxing 黄进兴, eds., *Zhongsuo shixue shi lunwen xuanji* 中国史学史论文选集 [A Selected collection of Essays on the History of Chinese Historiography]. Vol. 3. Taibei: Huashi, 1980.

——. "Taishi gong de sixiang beijing ji qi shixue jingshen" 太史公的思想背景及其史学精神 [The Background of the Duke Grand Astrologer's Thought and the Spirit of his Historiography]. In Huang Peirong 黄沛荣, ed., *Shiji lunwen xuanji* 史记论文选集 [A Collection of Essays on Shiji]. Taibei: Zhonghua, 1982.

——. "Yuan shih-you zongjiao tongxiang renwen de shixue de chengli" 原史：由宗教通向人文的史学的成立 [The Original Historian-Astrologer—The Movement from a Religious Historiography to the Establishment of a Humanistic Historiography]. In Du Weiyun 杜维运 and Huang Jinxing 黄进兴, eds., *Zhongguo shixue shi lunwen xuanji* 中国史学史论文选集 [A Selected Collection of Essays on the History of Chinese Historiography], Vol. 3. Taibei: Huashi, 1980.

——. *Zhongguo jingxue shi de jichu* 中国经学史的基础 [The Foundation of the History of Chinese Classic Studies]. Taibei: Student Bookstore, 1982.

Xunzi 荀子. SBBY edition.

Yang Xiong 扬雄. *Fa yan* 法言 [Model Sayings]. SBBY edition.

Yanzi chun qiu 晏子春秋 [The Spring and Autumn Annals of Master Yan]. SBBY edition.

Yu Qiding 俞启定. *Xian Qin Liang Han rujia jiaoyu* 先秦两汉儒家教育 [Confucian Education in the Pre-Qin and Han Period]. Beijing, 1987.

Zhanguo ce 战国策 [Intriques of the Warring States].SBBY edition.

Zhang Dake 张大可. *Shi ji yanjiu* 史记研究 [A Study of Records of the Historian]. Lanzhou: Gansu People's Press, 1985.

Zhang Xincheng 张心澂. *Weishu tongkao* 伪书通考 [A Comprehen-sive Investigation of Forged Books]. Shanghai: Shangwu, 1957.

Zhang Yiren 张以仁. *Guo yu Zuo zhuan lunji* 国语左传论集 [A Collection of Essays on Discourses of the States and Zuo Comm-entary]. Taibei: Dongsheng, 1980.

Zhang Zhengnan 张正男. *Zhanguo ce chutan* 战国策初探 [A Preliminary Investigation of Intrigues of the Warring States]. Taibei: Commercial Press, 1984.

Zhao Xingzhi 赵省之. "Sima Qian fu zuo de pingjia" 司马迁赋作的评价 [An Evaluation of the Authorship of Sima Qian's Fu]. In Wang Guowei 王国维, et al., *Sima Qian: qi ren jiqi shu* 司马迁：其人及其书 [Sima Qian: The Man and His Book]. Taibei: Chang'an, 1985.

Zhao Yi 赵翼. *Gaiyu congkao* 陔余丛考 [The Collected Examinations of What Remained After the Steps].Vol. I. Reprint. Taibei: Xinwenfeng 1975.

Zheng Hesheng 郑鹤声. *Sima Qian nianpu* 司马迁年谱 [A Year-by-Year Chronology of Sima Qian]. Revised Edition. Shanghai: Commercial Press, 1956.

Zheng Liangshu 郑良树. *Zhanguo ce yanjiu* 战国策研究 [A Study of Intrigues of the Warring States]. 1972. Reprint. Taibei: Xuesheng, 1986.

Zhongguo shixue shi cidian 中国史学史辞典 [A Dictionary of the History of Chinese Historiography]. Taibei: Minwen, 1986.

Zhou Hulin 周虎林. *Sima Qian yu qi shixue* 司马迁与其史学 [Sima Qian and His Historiography]. Taibei: Wenshizhe, 1987.

Zhou Yutong 周予同. *Jing jin gu wen xue* 经今古文学 [A Study of the Classics in New and Old Script]. 1926. Reprint. Taibei: Commercial Press, 1985.

——. *Qun jing gailun* 群经概论 [A Sketch of the Classics]. 1948. Reprint. Taibei, 1986.

Zhou li Zheng zhu 周礼郑注 [Rituals of Zhou with the Zheng Commentary]. SBBY edition.

Zhu Dongrun 朱东润. "Shi ji ben ji biao shu shi jia zhuan shuo li" 史记本纪表书世家传说例 [Explaining the Usage of "Basic Annals," "Charts," "Essays," "Hereditary Households," and "Traditions" in Records of the Historian]. In Huang Peirong 黄沛荣, ed., *Shi ji lunwen xuanji* 史记论文选集 [A Selection of Essays on Records of the Historian]. Taibei: Chang'an, 1982.

Zhuangzi 庄子. SBBY edition.

译后记

　　汉学家看待中国经典的眼光总是很独特，侯格睿把《史记》看作客观世界的微观模型，司马迁凭借这个"竹简"搭就的微观模型，战胜了秦始皇武力征服建立的青铜世界（《青铜与竹简的世界：司马迁对历史的征服》，商务印书馆2022年版）；在杜润德眼中，《史记》是一面镜子，"对于一代又一代的中国人来说，《史记》是一面用来反映它之前一切的镜子"（以下引文，凡不注出处的，皆引自本书），却是一面朦胧的镜子，它折射出的是司马迁笔下的矛盾与冲突。

　　或许是受《太史公自序》的启发，杜润德把对书题的解释放在了全书的最后。在"结语"部分，杜润德解释了"镜子"的含义："正如司马迁所描述的，《春秋》是辨别一个人真实面貌的最好的镜子，司马迁作为孔子的继承者，他也要呈现一面和《春秋》一样的清晰的镜子。"但是，司马迁效法孔子整理编辑六艺，收集并试图从古代丰富的文本中总结传统，而遭受宫刑忍辱苟活的经历，转化为一种强烈的冲动，推动司马迁选择通过描述一系列内心痛苦而奇特的人物来倾述自己的情感。司马迁作为叙述者的个人兴趣,以及满足这些兴趣的强大力量,冲破了继承孔子以来传统的束缚,创造出了千变万化的人物,司马迁的"镜子"与孔子的"镜子"就不同了,个人的焦虑和过去的冰冷,导致司马迁的"镜子"中阴云密布。

在杜润德看来,司马迁镜子中的阴云,是他内心矛盾和复杂历史的写照(一定程度上也是司马迁面对复杂冷酷的历史所致),司马迁整理历史的使命,加重了他内心的冲突,这是一种介于保存和传播传统"经典"的责任,与需要发泄的由于深刻的个人挫折所孕育的巨大的创造性能量之间的冲突。杜润德总结司马迁内心的矛盾,借用了儒家传统中两个概念"文"与"礼",具体表现为:全面性与一致性之间的矛盾,故事讲述者和历史哲学家之间的矛盾,龙门浪漫世界和长安正统世界之间的矛盾。司马谈希望司马迁能继承孔子的事业,整理并传播传统——"礼",而司马迁因"挫折"而创作出来包含个人情感共鸣的作品——"文","文"冲破了"礼"的藩篱,文学家的司马迁战胜了史学家的司马迁,"司马迁不是一位历史哲学家,也不是一个说教者。相反,他是一个既写历史又写故事的文学天才"。

简言之,杜润德认为,司马迁的矛盾与冲突,就是"既写历史又写故事"的矛盾与冲突,这种矛盾与冲突表现在哪些方面?

杜润德开篇即强调,"孝"是导致司马迁陷入矛盾的最直接的原因。司马谈和孔子是司马迁难以抗拒的权威。司马谈希望司马迁能成为"孔子二世",他把孔子作为司马迁必须效仿的榜样,以避免历史永远滑向黑暗。孔子的幽灵在司马谈的遗言中被召唤，给司马迁限定了一项特别的任务：成为历史的权威。父亲的临终遗言和孔子的谆谆教导时时刻刻回荡在司马迁的耳边，孔子通过孝道赋予司马谈权威，二者的力量的叠加，让司马迁陷入极其令人苦恼的焦虑。

成为"孔子二世"，首先要继承孔子的事业。什么是孔子的事业？杜润德这样描述："孔子的贡献，超越了周朝的混乱，深刻塑造了西汉帝国的世界。孔子为汉朝和之后的所有朝代提供了政治基础。"孔子是如何为汉朝和之后的所有朝代提供政治基础？"这位圣人，正如司马迁所创造的一样，离开了眼前的政治世界，开始了他最重要的贡献，以整理六艺的方式总结整个传统。"就是说，孔子的伟大贡献是"通过编辑和写作实现的"。因此，司马迁继承孔子的事业，必须根据司马谈和孔子事先确定好的蓝图去构建历史上广泛的传统。

司马迁构建传统的第一道障碍是他需要面对的浩繁复杂的文献。孔子面对的文献资料很少，而司马迁的时代，"历史已经变得太庞杂了。这么多年的不统一和文本的泛滥，使他跨越过去成'一家之言'的尝试变得极为复杂。"司马迁不仅承担了完成中国古代第一部通史的任务，由于周朝中期中央秩序的崩溃及随之激增的书面记录，他还被迫考虑和平衡比他之前的历史学家更多的文本材料。在孔子伟大的文化整合之后，文化发生了不幸的裂变。司马迁需要对孔子之后裂变的文化进行整合，这种整合不能见诸

"空言",而要付诸行事。司马迁面对浩繁、充满着矛盾的文献,整理和编辑这些文献,"陷入冲突和困境的可能性也增加了"。

这种情况下,司马迁试图用孔子的方式去整理和统一传统,但他的尝试失败了。此外,司马迁对六艺中包含的克制和秩序的追求,以及成为孔子二世的努力,并不仅仅是因为文本的激增而变得复杂。他在《报任安书》中一次又一次悲惨地提到,他的历史是为了冲破郁积而向前推进的。司马迁的"郁积"来自困苦经历赋予他的失败感和挫折感。司马迁悲惨地卷入了李陵事件,被投入监狱并遭受了宫刑。杜润德认为,司马迁通过《报任安书》,"利用自己正在和一个即将死去的人说话这一事实,来表达自己可怕的挫败感"。学者通过写作,释放失意,类似武夫以自决对抗耻辱,孔子似乎为司马迁指引了方向,"司马迁一直强调孔子的个人磨难同传播传统之间的紧密联系。因为只有在他政治生涯结束之后,孔子才转向经典。声称磨难和挫折为孔子从事关于经典的工作提供了动力,也契合了司马迁的文学创作理论,以及他自己作为一个饱经羞辱和挫折的学者的经历"。

遭受屈辱,司马迁可以选择自杀保持气节,他为什么选择了隐忍苟活?在司马谈的临终遗言中,他要求司马迁完成他的著述,总结传统,成为第二个孔子。保持气节选择自杀并不能抹去他父亲和他自己名声上的污点,只有活着并虔诚地完成父亲赋予他的责任才能洗刷耻辱。司马谈对圣人召唤施加给司马迁的焦虑,激发司马迁创作了一部百科全书式的历史,这部作品不能被简单地归入任何儒家的范畴中，它彻底超越了司马谈的《论六家要旨》，尝试一种广泛而富有创造性的综合。

司马迁发愤创作，爆发出惊人的叙事力量，而这种力量也得到了他按自己的兴趣对史料"改写"的加持，"司马迁可以根据自己特殊的兴趣对这些早期的叙事进行改写，它们的文学力量也被'加强'。《史记》的传统研究者可能会担心这种'加强'的历史准确性，就像燕将自杀和聊城被屠这个事件，但事实可能是，司马迁这部伟大的作品，尤其是'列传'部分，与其说它是历史著作，不如说是对早期资料的收集与改编，他被这些早期资料丰富的文学内涵和历史准确性所吸引。"在《伍子胥列传》中，司马迁把自己生活的主题和冲突，倾注到了伍子胥的故事中。"他不能简单地搬运，不仅是因为他面前的文本是如此庞杂，需要解释，而且还因为他在这些文本中找到了极大的个人兴趣。""司马迁对伍子胥形象的塑造与太史公自己的独特经历紧密相关。"杜润德比较了司马迁和司马迁笔下的伍子胥："伍子胥，一个死里逃生的避难者，必须通过展望未来证明自己存在的正当性。他的谋划必须有好的结果，否则他将得不到任何安慰。""他（司马迁），也是一个死里逃生的受难者，他必须把荣誉寄托于未来，作为一个文字工作者，他的辩护，采用的是没有那么充满戏剧性、没那么暴力的方式。"杜润德相信，《伍子胥列传》中，司马迁个人情感明显融入叙事之中，而这也正是这篇传记生动传神的最根本的原因。

在杜润德笔下，司马迁是一位会讲故事的伟大的文学天才，遭受宫刑忍辱苟活的困难经历，赋予司马迁巨大的文学力量，他通过著史来名垂后世，将自己的人生经历熔铸到历史叙述中，因而《史记》最精彩的部分是那些能与司马迁人生经历产生共鸣的故事。《史记》之所以朦胧，因为它是一部由伟大的文学天才写就的历史作品。

强调并放大司马迁的文学家属性，中国学者李长之是汉学家杜润德的前辈。杜润德自己就承认："通过冲突和对立来分析司马迁的著作并不新鲜。李长之在他的代表作《司马迁之人格与风格》中认为，司马迁的生活和作品中存在一种冲突，表现为汉初仍然盛行的南方楚文化中的浪漫主义和周文化中的古典主义之间的冲突，前者最终战胜了后者。"李长之眼中的司马迁首先是一位伟大的抒情诗人，他最初想用的书名是《抒情诗人司马迁及其悲剧》，后来考虑到研究的对象是司马迁这个人和《史记》这部作品，就改为《司马迁之人格与风格》。李长之是知名学者、文学评论家、诗人，他认为"情感者，才是司马迁的本质"，希望能实现与司马迁情感共鸣，"因为长之先生在心灵乃至情感思想上与司马迁有着共鸣，所以在撰写《司马迁之人格与风格》的时候就与他的传主有了共同的命运感，在人物上共褒贬，真正深入到传主内心去吟咏赞叹"[1]，他对于《史记》的研究，"是站在文学本体论的立场，

---

[1] 李长之：《司马迁之人格与风格 道教徒的诗人李白及其痛苦》，商务印书馆2011年版，第502页。

或太偏重于文学方面的研究"[2]。

李长之站在文学本体论的立场上看待《史记》，看到了司马迁"广博的学识，深刻的眼光，丰富的体验，雄伟的气魄"，杜润德纠结于司马迁历史家或故事家的身份（他未明确地使用文学家，而是用"故事家"，亦体现了杜氏对司马迁身份的迷茫，他无法彻底否定司马迁历史家的存在）的身份，司马迁遭受腐刑的忧郁就被放大，成为司马迁创作《史记》的动因，这样的视野下，司马迁的矛盾与纠结自然不可避免。

事实上，杜润德关于司马迁身份的纠结，也是困扰大多数读者的一个问题，司马迁是一位伟大的历史家，也是一位杰出的文学家，但司马迁身份属性的第一性是什么？司马迁首先是一位历史家呢，或他首先是一位文学家呢？这直接决定了《史记》首先是一部史学作品呢，或它首先是一部文学作品呢？《史记》第一性的问题不解决，就难以拂去它上面的阴云。

杜润德选取了司马迁关于孔子、伍子胥、聂政、鲁仲连和燕将、项羽与刘邦的叙述，分析了他在这些人物塑造过程中的情感注入和按需"改写"，强调由于司马迁的主观介入，这些历史人物身上处处闪现着司马迁的影子；而且《史记》中最精彩的叙述，是那些真正吸引了司马迁好"奇"特质的奇特的悲剧人物。这样的《史记》是故事还是历史？杜润德从司马迁过度介入史料的角

---

[2] 李长之：《司马迁之人格与风格 道教徒的诗人李白及其痛苦》，商务印书馆2011年版，第499页。

度,强调司马迁故事家的属性,而在强调司马迁历史家属性的侯格睿看来,司马迁放弃了对史料的干预,在《史记》中司马迁几乎"遁形"了。

侯格睿在回答"为什么《史记》是一部充斥着不同叙述、观点和评判的大杂烩呢?"的质疑时,提出了几种可能性,一、司马迁是一个编辑,他"客观地"呈现了早期叙述;二、他引用了杜润德的观点,《史记》中的不一致反映了司马迁自己的矛盾倾向;三、他面对一堆复杂的混乱的史料,无法统一;四、《史记》是司马迁未完成的作品。对这几种解释进行了综合后,侯格睿提出了自己的观点:《史记》有一个连贯的历史观,司马迁是一个非常积极的编辑者,我们在《史记》中看到的碎片化和重叠的叙述,是司马迁有意为之。司马迁是在重建历史,历史本身是令人困惑和复杂的,关于历史的叙述如果不是这样的话,就有理由相信它不是真实的。《史记》是文本构成的微观世界,它真实地反映了一个复杂的客观世界。司马迁真实地呈现复杂客观世界的时候,作为作者的他几乎是"遁形"的。"《史记》几乎是一本作者遁形的书。显然,司马迁在文本的形成过程中起了一定的作用,但他故意在《史记》中弱化他的贡献,经常将史料转述或直接抄录到他的书中,很少评论和解释。"[3]在侯格睿看来,司马迁不但尽可能少地干预文本,他也不会按某个主题来写作,所以挫折文学只是

---

[3]〔美〕侯格睿著,丁波译:《青铜与竹简的世界:司马迁对历史的征服》,商务印书馆2022年版,第3页。

《史记》中的一个主题,而不是唯一的主题,"司马迁意识到他自己可以被视为许多不同故事的参与者——孝道故事、对挫折文学回应、对丢失传统的修复、对帝国权威的挑战等——他并没有为一个狭义的目的或传达一个压倒一切的信息来定制他的作品。"

侯格睿笔下的司马迁是一个客观的历史家,杜润德笔下的司马迁是一个遭受挫折内心郁积着强烈冲动的故事家和历史家,基于他们对司马迁的不同定性,对《史记》有了几乎矛盾的认识,这或许正是司马迁的高明之处和《史记》的魅力所在。正如侯格睿所总结的:"司马迁拒绝限制自己的观点,成功地创作了一个可以持续有趣的文本,不只是特定时代的遗物,而且还是一个一代又一代人可以进入、争论和解释的世界。《史记》是如此的模棱两可,如此的富于启发性,以至于它与各种新情况,对过去的重新构建,以及历史学的新理论密切相关。尽管历经岁月沧桑,但它仍然是一部鲜活的作品。通过它,我们可以创造性地、兴奋地与历史紧密相连。《史记》的持久相关性是对司马迁宇宙观的致敬。"[4]

关于司马迁到底首先是史学家还是文学家,中国学者似乎多视之为不是问题的问题。就是那位说司马迁爱"奇"的扬雄,也不得不承认司马迁《史记》是"实录","刘向、扬雄博极群书,皆称迁有良史之材,服其善序事理,辨而不华,质而不俚,其文直,其事核,不虚美,不隐恶,故谓之实录。"在中国典籍中,从

---

[4]〔美〕侯格睿著,丁波译:《青铜与竹简的世界:司马迁对历史的征服》,商务印书馆2022年版,第314页。

明确的史部分类出现,《史记》一直被列入史部。学者们对司马迁虽有各种各样的批评,却未有将《史记》排除出史书之例。同样地,在历代正史中,虽然历代围绕《史记》《汉书》优劣之争有不同的看法,但却少有人质疑《史记》的文学高度。鲁迅"史家之绝唱,无韵之《离骚》",精准地概括了《史记》的文学价值,也客观描述并给出了对《史记》性质的认识——它首先是"史家"之绝唱。著名史家翦伯赞说得更加明确:"两千年来,读《史记》未有不盛赞司马迁之文章者;诚然,司马迁的文章真是气势蓬勃,既沉重而又飞舞。但无论怎样,文章总是司马迁的余事。"[5]

《朦胧的镜子:司马迁笔下的矛盾与冲突》英文版出版后,汉学家倪豪士、李惠仪都撰写了书评。倪豪士对杜润德从文学角度解读《史记》倍加赞赏,"对我来说,我欢迎对这部伟大的历史著作进行文学研究,部分原因是我们的研究太少了",他认为杜润德的著作有助于读者理解欣赏司马迁的文学才华。[6]李惠仪也注意到杜润德在文学上的创见,"论证清晰,并有许多文学见解",但她对杜润德放大司马迁对《史记》情感注入、过分渲染《史记》中司马迁痛苦与沮丧的同理心提出了质疑:"我不愿意把文学艺术家与历史学家对立起来,而是把不一致和矛盾解读为历史探究的重要组成部分,这是在历史学家探究天人之际必然会产生的结果。出于同样的原因,我觉得作者对'朦胧的镜子'的比喻并不完全

---

[5] 翦伯赞:《论司马迁的历史学》,《中山文化季刊》第二卷第一期,1945 年 6 月。
[6] *Chinese Literature: Essays, Articles, Reviews (CLEAR)* , Vol. 18 (Dec., 1996), pp. 212-217.

符合他的作品，因为在作者自己的解释中，它暗示了个人的痛苦扭曲了镜子反射的清晰轮廓。但是，之前没有任何一些冷酷的事实可以被扭曲。"[7] 不同于杜润德、倪豪士对《史记》文学性的强调，李惠仪没有把司马迁历史学家和文学家的身份对立起来，她认为《史记》中的矛盾与冲突，更多是历史复杂性的反映。在这个意义上，她似乎更愿意接受司马迁历史学家的身份。

本书是笔者翻译的第二部美国学者研究《史记》的著作。第一部是侯格睿《青铜与竹简的世界：司马迁对历史的征服》，普林斯顿出版社1999年出版，它的出版时间晚于《朦胧的镜子：司马迁笔下的矛盾与冲突》，侯格睿批判性地借鉴了杜润德的研究成果，但他更强调《史记》作为历史著作的功能和意义，与杜润德对《史记》文学性的关注截然不同，读者有兴趣可以对比阅读。

动笔翻译本书，正值犬子丁慧添备考托福。他一贯看不上我的英文水平，在我翻译时，经常挑衅性地问我是否愿意和他比比英文翻译，我就让他试着翻译了本书中几段引文较少的内容，除了部分专业术语，他居然完整地翻译了出来。为了鼓励他继续翻译，我预先将部分专业术语进行了标注，给他详细介绍了关于伍子胥的相关文献内容，让他在此基础上独立翻译故事性较强的第四章，大概是对伍子胥传奇故事有浓厚的兴趣，丁慧添利用课余时间，费时两个月，把有关伍子胥的内容全部翻译了出来。虽然

---

[7] *Early China*, 1996, Vol. 21 (1996), pp. 213-219.

我对他稚嫩的译文进行了重新润色，但是也不能贪冒他的功劳，将他列为第二译者，既是对他劳动的尊重，于我也是一段极其珍贵的学术回忆。

丁波

2022 年 11 月

图书在版编目(CIP)数据

朦胧的镜子：司马迁笔下的矛盾与冲突 ／（美）杜润德著；丁波，丁慧添译. — 北京：商务印书馆，2023
（海外司马迁与《史记》研究丛书）
ISBN 978-7-100-22298-3

Ⅰ.①朦… Ⅱ.①杜… ②丁… ③丁… Ⅲ.①《史记》－研究 Ⅳ.①K204.2

中国国家版本馆CIP数据核字（2023）第078668号

权利保留，侵权必究。

海外司马迁与《史记》研究丛书
朦胧的镜子：司马迁笔下的矛盾与冲突
〔美〕杜润德　著
丁　波　丁慧添　译

商　务　印　书　馆　出　版
（北京王府井大街36号　邮政编码100710）
商　务　印　书　馆　发　行
三河市尚艺印装有限公司印刷
ISBN 978-7-100-22298-3

2023年5月第1版	开本 880×1230　1/32
2023年5月第1次印刷	印张 8

定价：69.00元